Alte Sprachen in der Krise?

Manfred Fuhrmann

Alte Sprachen in der Krise?

Analysen und Programme

Ernst Klett Verlag Stuttgart

Abbildungen im Kapitel „Asterix der Gallier und die ‚römische Welt'“:

CIP-Kurztitelaufnahme der Deutschen Bibliothek

Fuhrmann, Manfred
[Sammlung]
Alte Sprachen in der Krise?: Analysen und Programme.
– 1. Aufl. – Stuttgart: Klett, 1976. –
ISBN 3-12-922250-2

1. Auflage 1976

Printed in Germany
Satz: G. Müller, Heilbronn
Druck: Wilhelm Röck, Weinsberg
Einbandgestaltung: Heinz Edelmann

Inhalt

Vorwort

Das erste der hier vereinigten Stücke wurde – auf Wunsch des Verlages – eigens für diese Sammlung verfaßt. Bei den übrigen handelt es sich um Vorträge aus den Jahren 1969–1975. Die Vorträge wären nicht entstanden, wenn nicht mancherlei Instanzen den Verfasser ermuntert hätten: Universitäten, Einrichtungen der Lehrerfortbildung, der Schweizerische Altphilologenverband, die Mommsen-Gesellschaft. Sie sind so angeordnet, daß sich so etwas wie ein Ablauf ergibt. Der Vortrag „Selbstbestimmung und Fremdbestimmung" skizziert den Horizont, in dem sich die lehrende Tätigkeit gerade des Altphilologen seit jeher abspielt oder doch abspielen sollte; der Schlüsselbegriff lautet hier: Erziehung. Es folgen zwei kritische Betrachtungen; die eine gilt der gegenwärtigen altsprachlichen Praxis an Universitäten und Gymnasien, die andere ist dem Lehrbetrieb an den Universitäten, der ‚Klassischen Philologie', vorbehalten. In drei weiteren Stücken herrscht das Positive, Programmatische vor; allerdings beschränkt sich der Verfasser dort auf sein eigentliches Fach, auf Latein. Der Vortrag „Latein als Schlüsselfach der europäischen Tradition" enthält den Umriß eines Gesamtkonzepts – eines Konzepts, mit dem der Verfasser auch Außenstehenden den Sinn seines Berufes plausibel machen zu können hofft. Der Vortrag „Cäsar oder Erasmus?" bemüht sich um eine Abhilfe für einen besonderen Notstand der gegenwärtigen Praxis, die Anfangslektüre. Die Skizze „Römisches Recht am Gymnasium" erörtert das Für und Wider eines schwierigen, aber überaus lohnenden Gegenstandes. Die Darlegungen über „Asterix den Gallier" sollen – nach so viel Problematik – nicht nur für einen heiteren Abschluß sorgen; sie wollen auf darauf aufmerksam machen, daß sich alles erzieherische Tun in Lebenszusammenhängen abspielt, mit deren Ingredienzien der Erziehende rechnen muß.

Eine Sammlung von Vorträgen ist kein in sich geschlossenes Buch. Jeder Vortrag mußte ursprünglich aus sich selbst verständlich sein; er mußte also jeweils das Ganze der Position andeuten, von der aus der Verfasser urteilt. Daher enthielten die kritischen Beiträge auch Programmatisches und die programmatischen Beiträge auch Kritik. So ergaben sich bei der Vereinigung zu einem Ganzen mancherlei Überschneidungen. Der Verfasser glaubte, kürzere Wiederholungen der Nachsicht des Lesers anvertrauen zu dürfen; er hat daher lediglich die längeren beseitigt und durch Querverweise ersetzt. Der Beitrag „Römisches Recht am Gymnasium" hatte ursprünglich einen inhaltlichen Vorschlag, eine Art Unterrichtsmodell, dargeboten; da hieraus das Unterrichtshilfsmittel „Fälle aus dem römischen Recht" (Text und Kommentar, hrsg. von M. Fuhrmann – D. Liebs, ratio 5, Bamberg 1974) hervorgegangen ist, werden an dieser Stelle nur allgemeine Präliminarien mitgeteilt.

Wer die Schriften „Die Antike und ihre Vermittler" (Konstanz 1969) und „Wie klassisch ist die klassische Antike?" (M. Fuhrmann – H. Tränkle, Zürich-Stuttgart 1970) gelesen hat, wird in diesem Büchlein einiges ihm schon Bekannte, aber auch mancherlei Neues entdecken. Folgende Beiträge wurden bereits – je für sich und in anderer Fassung – veröffentlicht: „Selbstbestimmung und Fremdbestimmung" (Mitteilungsblatt des Deutschen Altphilologenverbandes 17, 1974, Nr. 2, S. 1–12); „Cäsar oder Erasmus?" (Gymnasium 81, 1974, S. 394–407); „Asterix der Gallier und die ‚römische Welt'" (Rheinischer Merkur, 7. 6. 1974, S. 15). Das übrige erscheint zum ersten Male im Druck.

‚Wozu Latein?‘ und Verwandtes

Der Leser findet zu der viel behandelten Frage, was mit der Erlernung des Lateinischen bezweckt sei, einiges im zweiten Teil des Vortrags „Latein als Schlüsselfach der europäischen Tradition“. Demgegenüber sollen hier ein paar grundsätzliche Gesichtspunkte vorgebracht werden.

Die Frage ‚Wozu Latein?‘ ist überaus tückisch. Sie lenkt alle Aufmerksamkeit auf ein bestimmtes Ziel: auf den Beruf oder zumindest auf die Vorbereitung dazu. Sie verdeckt so die Zusammenhänge, die dem Fach in der Lebenswirklichkeit die Konturen verleihen. Diese Zusammenhänge sind zuallererst von pädagogischer Art. Die Frage ‚Wozu Latein?‘ läßt nämlich geflissentlich außer acht, daß aller Unterricht außer der Vorbereitung auf einen Beruf noch etwas anderes, Wichtigeres leistet. Er beschäftigt Kinder und Heranwachsende und verlangt ihnen Leistungen ab – nach der Maxime, daß man junge Bäume anbinden muß, weil sie sonst krumm wachsen oder entwurzelt werden. Daher kommt es bei jedwedem Unterricht in erster Hinsicht darauf an, daß er stattfindet, daß überhaupt gelernt wird. Die zweite Stelle aber nimmt, scheint mir, in der Skala pädagogischer Gegebenheiten die Frage ein, wie groß die Klassen seien, und die dritte diejenige, wieviele Stunden der Lehrer wöchentlich zu unterrichten habe. Erst wenn alle diese Probleme befriedigend gelöst sind, kann man vernünftigerweise Überlegungen anstellen, was im Unterricht behandelt werden solle; erst dann kommt also eine Hierarchie, ein Wettbewerb der Fächer in Betracht.

Diese Bemerkungen deuten bereits auf den Hintergrund der Frage ‚Wozu Latein?‘, auf die sogenannte Bildungsreform. Diese Reform präsentiert sich vor allem als Strukturreform, d. h. man geht davon aus, daß ein bestimmtes Schulsystem hergestellt werden müsse, und versucht erst von dieser Prämisse aus, die einzelnen Fächer und deren Stoffe in den Griff zu bekommen. Hierbei geht man in einer eigentümlich abstrakten Weise zu Werke: Allerlei Kommissionen – eine eigene Schicht von haupt- und nebenamtlichen Schulfunktionären – stellen ‚Rahmenrichtlinien‘, ‚Curricula‘ usw. her. Diese Schicht der Plänemacher pflegt durch ihre Zusammensetzung zu verbürgen, daß sie zumindest formale Weisungen befolgt; ihre Erzeugnisse bauen im günstigeren Falle Wunschschlösser von dem, was der künftige Unterricht leisten soll, und im weniger günstigen Falle enthalten sie quälende Ideologie. Nach meinen Beobachtungen ist die Lehrerschaft schon jetzt durch einen Graben gespalten: Auf der einen Seite stehen die

Reformfunktionäre, auf der anderen steht die gleichgültige oder stumm protestierende Mehrheit derer, die die eigentliche Reformarbeit vollbringen sollen und sich hierzu – im allgemeinen mit Recht – außerstande sehen. Ich bezweifle daher, daß die mit so viel Aufwand angefertigten Curricula die Unterrichtspraxis erheblich beeinflussen werden. Inhaltliche Reformen sind notwendig (und zu verdeutlichen, wie notwendig sie mir im Falle des Lateinischen zu sein scheinen, ist der Hauptzweck dieser Schrift); sie lassen sich aber meines Erachtens nur in der Weise wirksam durchführen, daß man möglichst viele zu beteiligen und zu überzeugen versucht – also durch einen großzügig aufgebauten Apparat der Lehrerfortbildung.

Die ‚Bildungsreform' ist freilich auch sonst nach Gesetzen angetreten, die mir nicht einleuchten. Ich meine das Konzept der Gesamt- und der Stufenschule, d.h. die Zerstörung der Schulformen, sowie das Kurssystem, d.h. die Zerstörung der Klassen; ich meine weiterhin die diesem Ganzen zugrundeliegenden Prämissen, die ‚Chancengleichheit', das ‚Bürgerrecht auf Bildung' usw. In der Doktrin von der Chancengleichheit scheint mir so etwas wie intellektueller Dünkel enthalten zu sein: Diese Doktrin tut, als gewähre allein eine bestimmte Ausbildung des Intellekts die Chance zu einem erfüllten Dasein. In Wahrheit gibt es nur im sittlichen Bereich eine Gleichheit der Chance; in Wahrheit gliedert sich die moderne Berufswelt, die Welt des Wissens und Könnens, in eine Reihe von Lebenssphären und Lebensformen, die sich nicht miteinander verrechnen lassen, deren jede die Möglichkeit des Glücks oder Unglücks, des Gelingens oder Scheiterns in sich birgt. Was weiterhin die Zerstörung der Schulformen und der Klassen angeht, so meine ich, daß dieses sich so demokratisch und sozial gebende System auf etwas zutiefst Undemokratisches, Unsoziales, sozusagen auf die Entfesselung des Egoismus zielt: Jedes Kind soll, der bisherigen Rücksichten auf soziale Bezüge enthoben, ungehemmt des eigenen Glückes Schmied sein.

Zurück zur Ausgangsfrage. Sie enthält eine listige Verschiebung der Beweislast. Sie setzt voraus, daß die Existenz des Faches Latein keinerlei Vermutung dafür begründe, daß dieses Fach sinnvoll sei – mit anderen Worten: Alle unsere Vorfahren, die es eingerichtet oder beibehalten haben, waren Toren, und wir allein sind klug. Ich nehme indes, wie viele vor mir, ohne Zögern den Fehdehandschuh auf – also: Wozu Latein?

Hier muß ich zunächst gestehen, daß mir eine absolute Notwendigkeit, das Schul- und Universitätsfach Latein beizubehalten, nicht gegeben zu sein scheint. Latein: Dieser Begriff bezeichnet nur einen Teil der Inhalte, die ich für traditionswürdig halte. Da ich Lehrer bin – also Tradition vermittle –, werde ich meinen Schülern, wenn sie mir im Lateinischen davonlaufen, so lange nachlaufen, bis ich sie einhole, d.h. ich werde deutsche Texte behandeln, wenn ich zur Behandlung von lateinischen Texten keine Gelegenheit mehr erhalten sollte. Dieser Vorsatz (den ich natürlich, um des Experimentes willen, schon hier und da in die Tat umgesetzt habe) enthält allerdings das Risiko einiger Unbequemlichkeiten; andererseits gewährt er den Vorteil, daß man nicht die eigene Person, sondern die Sache verteidigt – man versetzt sich gewissermaßen in die Dispositionsfreiheit zu Beginn des Studiums zurück, als man sich unter vielen Möglichkeiten gerade für Latein entschied.

Die Lernzielkataloge des Lateinischen, die in jüngster Zeit entstanden sind, brauchen hier nicht aufgefrischt zu werden; ich hebe den von Clasen verfertigten hervor, weil er sich durch Nüchternheit und lapidare Kürze auszeichnet[1]. Es ist wohl in der Tat so, daß Latein eine ungewöhnlich große Zahl wichtiger Lernziele sowohl im formalen (sprachlichen) als auch im inhaltlichen (gesellschaftlichen, kulturellen) Bereich ‚abdeckt'; im didaktischen Jargon wird diese Erscheinung als ‚Multivalenz' bezeichnet. Ich vergleiche daher das Fach gern mit einem Fünfkämpfer und meine damit Folgendes: Es ist wahrscheinlich, daß andere Fächer einzelne Lernziele besser ‚abdecken' als das Lateinische; es gibt indes kein Fach, das alle vom Lateinischen ‚abgedeckten' Lernziele ebenso intensiv ‚abdeckt' wie das Lateinische. Demnach ist Latein, wenn es richtig gelehrt wird, etwas Umfassendes, eine Totalität, die ein beachtliches erzieherisches Potential enthält – die Skala dessen, was im Lateinunterricht vorkommt, reicht von ständigen Anweisungen zu regelmäßigem, genauem Lesen und Lernen bis zur Erörterung der Grundfragen allen menschlichen Daseins. Latein hat überdies die Eigentümlichkeit, daß es – hierin wohl allein mit der Mathematik vergleichbar – nur als ein sich über Jahre erstreckender Prozeß zur Geltung kommt; es ist kein ‚Kunde'fach, keine additive Sequenz, deren Teile nach Belieben ausgetauscht oder weggelassen werden könnten; auch wenn es jetzt ein bißchen ‚moderner' und weniger systematisch gelehrt wird als bisher (ich billige diese Entwicklung) – auch dann greift eines in das andere und baut eines auf dem anderen auf, vom Vokabellernen über das Erfassen syntaktischer Strukturen bis zum Verständnis der Texte. Und da es – anders als etwa bei den modernen Fremdsprachen – auf den Erwerb von Fertigkeiten nicht ankommt, kann sich der Unterricht um so mehr auf die Denktätigkeit des Schülers konzentrieren, auf das beharrliche Training im Begreifen der Formen und Inhalte.

Neben diesen durch die Kontinuität des Unterrichts bewirkten Vorzügen (und ihrem Effekt, der Anleitung zu intellektueller Selbstdisziplin und zur Konzentration) verdient angemerkt zu werden, daß Latein in verhältnismäßig großem Umfange für alle am erzieherischen Prozeß Beteiligte durchschaubar ist. Zunächst für das lernende Kind selbst: Es vermag in kaum einem anderen Fache so deutlich zu erfassen, was richtig und was falsch ist; es wird in kaum einem anderen Fach so wenig mit jenen Unwägbarkeiten wie ‚Ausdruck', ‚Stil', ‚Aufbau', ‚Problembewußtsein' usw. konfrontiert, die in ihm den Glauben erwecken, der Lehrer urteile nach Gutdünken oder Willkür. Weiterhin für die Eltern: Sie vermögen dem Kinde auch dann in nicht geringem Maße zu helfen, wenn sie selbst des Lateinischen wenig oder gar nicht kundig sind. Denn das Lateinische ist weder durch fremde Schriftzeichen noch durch eine fremdartige Aussprache vom Deutschen geschieden. Folglich kann jede Mutter oder jeder Vater das Lernen der Vokabeln und der grammatischen Paradigmen kontrollieren; der Lehrer benötigt eine einzige Elternversammlung, um auf diesen fundamentalen Sachverhalt aufmerksam zu machen. Daher trifft die gelegentlich von Gegnern geäußerte Behauptung, daß gerade Latein schichtenbedingte Schwierigkeiten mit sich bringe, nicht zu; wer sich lieber auf Statistiken verläßt als auf Argumente, kann auf eine Umfrage verwiesen werden[2].

Nun gilt Latein als ‚schwierig', und da schon der erreichte – und erst recht der erstrebte – Zustand einer ‚Speisekarten-Schule' dergleichen zuläßt, wird Latein wegen seiner ‚Schwierigkeit' gern gemieden oder so bald wie möglich ‚abgewählt'; hierbei scheinen gegenwärtig noch der Popanz der Abiturnote und der Drang zu den Numerus-clausus-Studien eine fatale Rolle zu spielen. Dem zuletzt genannten Phänomen gegenüber bin ich ratlos. Man muß abwarten, bis die Erfahrung lehrt, daß es sinnlos ist, die Universität als Staubecken eines großen Teiles unserer Jugend zu verwenden. Was aber das Verdikt der Schwierigkeit betrifft, so ist dasselbe, meine ich, nicht durchaus unberechtigt. Denn die zur Zeit wohl noch vorherrschende Praxis sucht das lernende Kind nicht nur in eine fremde Sprache, sondern auch in fremde Sachen, in die ‚römische Welt' mit ihren Liktoren und Legionen usw. einzuführen, und vom ersten Übungsbuch bis zur Cäsar-, Livius- oder Cicero-Lektüre geht es im Lateinunterricht fast nur um überaus abstrakte und gar nicht lustige, um sei es militärische, sei es philosophische Gegenstände. Hier hat uns das 19. Jahrhundert etwas hinterlassen, was unter den gegenwärtigen Bedingungen als verkrampft erscheinen muß: einen Kanon der kunstvollsten, schwierigsten und am weitesten von der Lebenswelt des Kindes entrückten Autoren sowie die zugehörigen, auf diesen Kanon hin geeichten Elementarbücher. Der Lateinunterricht sollte vom hohen Reck des Imperium Romanum und den zugehörigen Marmorbüsten und Triumphbögen Abschied nehmen. Ich bin überzeugt, daß er seine erzieherischen Zwecke besser erreicht, wenn er sich der Leichtathletik vielfältiger erzählender Texte zuwendet; dergleichen steht uns aus einer zwei Jahrtausende währenden Tradition (Ludvig

Holbergs vortreffliches „Nicolai Klimii iter subterraneum“ entstammt dem Jahre 1741) in überreichem Maße zu Gebote.
Das Verdikt der Schwierigkeit richtet sich freilich nicht allein gegen den überkommenen Lektürekanon; es richtet sich gegen das Lateinische überhaupt, gegen die Vokabeln, die Flexion, die Syntax. Dieser Einstellung gegenüber vermag ich nur die Position eines Kulturkritikers zu beziehen, und ich kann versuchen, diesem oder jenem die Berechtigung meiner Kritik plausibel zu machen. Etwa so:
Aller Schulunterricht belastet; das ist seine Aufgabe, denn er soll auf die Belastungen vorbereiten, die das Leben bringen wird. Die Wohltat der Einrichtung ‚Schule‘ besteht nun darin, daß sie die Belastungen, denen sie das Kind aussetzt, simuliert (daher die antiken Bezeichnungen: *schola* = Muße, *ludus* = Spiel) und daß sie sie sorgsam dosieren kann. Das Fach Latein enthält eine verhältnismäßig große Dosis von Belastungen; es ist ein Trimm-dich-Pfad des Gehirns. Wie die wirklichen Trimm-dich-Pfade dazu dienen, den Organismus zu kräftigen, so dient Latein dazu, das Gehirn – einen Teil des Nervensystems, der durch Gebrauch gestärkt wird und bei Nichtgebrauch in Atrophie verkümmert – auszubilden. Nicht jedermann ist imstande, die Übungen eines Trimm-dich-Pfades zu absolvieren; nicht jedes Kind ist für Latein geeignet. Wenn jedoch ein Kind hierfür geeignet ist (ich möchte meinen: ziemlich jedes Kind, das sich überhaupt für das Gymnasium eignet), dann besteht kein Grund, ihm das Lateinische zu ersparen, d. h. ihm in der besten Lernzeit seines Lebens ein für die Ausbildung seines Intellekts vorzüglich geeignetes Instrument vorzuenthalten.
Daß eine derartige Argumentation heute weniger denn je zu überzeugen vermag (ich bringe nunmehr meine kulturkritischen Gesichtspunkte vor), scheint mir vornehmlich durch zweierlei bedingt zu sein. Zum ersten sind wir offenbar nicht mehr recht in der Lage, so komplexe Vorgänge wie das Wachsen und Werden eines jungen Menschen zu erfassen und sachgemäß zu fördern. Man könnte wohl vielerlei Erscheinungen nennen, die zu diesem Schlusse Anlaß geben; ich beschränke mich hier auf mein Thema und erinnere an den Ausgangspunkt meiner Betrachtungen. Die Frage ‚Wozu Latein?‘ setzt – gewollt oder ungewollt – eine enorme Entwertung erzieherischer Prozesse voraus. Wer so fragt, ist auf das Koordinatensystem von Beruf, Erfolg, Geldverdienen usw. fixiert; er dringt auf unmittelbare Zwecke, die sich exakt kalkulieren lassen; er denkt ‚funktional‘; er behandelt einen Heranwachsenden wie einen technischen Apparat und vermag sich nichts von den mittelbaren Wirkungen eines Faches zu versprechen, durch das zuallererst das Lernen erlernt werden soll.
Zum anderen manifestiert sich in der klauenfingrigen Frage ‚Wozu Latein?‘

die beinahe schon banale Erfahrung, daß Wohlstand satt, bequem und weichlich macht. Ich meine freilich nicht, daß man deswegen den „Vater aller Dinge“ Heraklits beschwören dürfe (es gibt eine einschlägige, überaus fragwürdige Tradition): Man kann ja wohl nichts anderes wünschen und erstreben als Frieden, Sicherheit und Wohlstand, also ein Höchstmaß von Spannungslosigkeit für alle – da muß man in Kauf nehmen, daß diese Spannungslosigkeit viele Menschen zu Schlaffheit und Wehleidigkeit verführt, und zwar sowohl sich selbst als auch ihren Kindern gegenüber. Im Wohlstandssyndrom kommt demnach eine unaufhebbare Antinomie zum Vorschein, und das Fach Latein muß zuallererst der Tatsache Opfer bringen, daß sich der Erziehungsstil im letzten Menschenalter fundamental gewandelt hat und daß der perfekte Warenhaus- und Medienkonsument der Gegenwart jede eigene geistige Anstrengung als eine unerträgliche Beeinträchtigung seiner Bequemlichkeit ansieht. Allerdings unterliegt bei weitem nicht jeder der abstumpfenden Wirkung fetter Jahre, und so können wir nur hoffen, daß sich auch künftig eine genügende Anzahl von jungen Leuten dazu bereit findet, Latein zu erlernen – sei es auf Veranlassung der Eltern und aus der Erkenntnis, daß ein gediegenes Training der geistigen Kräfte nichts schaden könne, sei es aus eigenem Antrieb und um der Sache willen und weil der Gebrauch der geistigen Kräfte auch Freude macht.

Um der Sache willen: Hiermit ist ein zweites Geflecht von Zusammenhängen berührt, in das die Frage ‚Wozu Latein?‘ hineinfährt wie die täppische Hand eines Kindes in ein Spinnennetz. Latein dient ja nicht nur als Instrument der Erziehung; es hat über zweitausend Jahre hinweg als Instrument unserer Kultur gedient. Da hiervon vor allem in dem Vortrag „Latein als Schlüsselfach der europäischen Tradition“, aber auch sonst die Rede ist, begnüge ich mich an dieser Stelle mit dem Hinweis, daß ich Latein für eine Art Bollwerk unseres historischen Bewußtseins halten möchte, das, wenn es einstürzt, vieles nach sich zieht, zuallererst die Geschichtswissenschaft und die neueren Philologien, jedenfalls die Romanistik. Deshalb können wir ein gut Teil der Apologetik unserer Sache anderen überlassen, Vertretern benachbarter Disziplinen, die nicht so leicht dem Verdacht ausgesetzt sind, daß sie nur um ihres eigenen Berufes willen das Wort ergreifen; wir müssen uns nur bemühen, ihrer Stimme zu gebührender Resonanz zu verhelfen.

Hierfür ein Beispiel. Als vor einigen Jahren die Billiger-Jakob-Bestrebungen in unserem Bildungswesen ihren vorläufigen Höhepunkt erreichten, da fand eine „Konferenz der Romanischen Seminare der Bundesrepublik Deutschland“ usw. heraus, daß die Kenntnis des Lateinischen für das Studium der Romanistik – abgesehen von bestimmten Forschungsbereichen – nicht mehr erforderlich sei. Diese Entschließung rief sofort Proteste in den eigenen Reihen der Romanisten hervor; ich zitiere aus einem Artikel von Neumeister[3]: „Die Vorstellung, daß es innerhalb des Studiums des Französischen bzw. der Romanistik Forschungsbereiche geben könnte, die Lateinkenntnisse nicht erfordern, und daß dies sogar die Mehrzahl sei (sonst wäre die Empfehlung ja unsinnig), beruht entweder auf einem Wissenschaftsverständnis, das sich, statt ‚diachronisch' die historischen Hintergründe einzubeziehen, nur ‚synchronisch' an der Oberfläche der Phänomene bewegt, oder aber auf einer kleinmütigen Taktik innerhalb der gegenwärtigen Bildungsreformen, etwa auf der Furcht vor der Konkurrenz des Englischen in der Schule, in der man sich durch die Absage an das Lateinische als dritter Konkurrenzsprache behaupten möchte." Neumeister hält schon in den Studienbereichen der Spracherlernung und der Sprachwissenschaft den Verzicht auf das Lateinische für problematisch; er fährt fort: „Über die Notwendigkeit obligatorischer Lateinkenntnisse für die romanistische Literaturwissenschaft kann, so sollte man meinen, am allerwenigsten Zweifel bestehen ... Nicht nur, daß eine ganze Phalanx von Dichtern der neueren Romania, beginnend mit der Triade der drei großen Italiener Dante, Boccaccio und Petrarca, sich in der Volkssprache *und* in der gelehrten Sprache geäußert hat – die Geschichte der romanischen Literaturen seit der Renaissance, also ohne das Mittelalter, ist einfach nicht zu verstehen ohne die Möglichkeit des prüfenden Rückgriffs auf ihre lateinischen Vorbilder und Quellen, auf die Stoffe, Mythen und Motive, die Rom teils aus Griechenland bezogen und tradiert, teils selbst geschaffen und dann über tausend dunkle Jahre hinweg an Mittelalter und Neuzeit weitergegeben hat. Was Romanisten wie Ernst Robert Curtius und Erich Auerbach geleistet haben, hat nichts mit der Archivierung toten Wissens zu tun, sondern deckt die formalen und thematischen Traditionen auf, aus denen sich die Literaturen nicht nur des Mittelmeerraumes bis heute nähren, von Du Bellay bis Butor, von Dante bis Pirandello, von Garcilaso bis Borges. Jeder Versuch, hier Abgrenzungen vorzunehmen und etwa Mittelalter, Humanismus oder gar Klassik ‚Spezialisten' zu überlassen, erweist sich gegenüber diesem lebendigen, bis heute wirksamen Traditionsstrom als oberflächlich und kurzsichtig, bestenfalls als ein Positivismus, dem die historische Dimension abhanden gekommen ist."

Freilich: der ‚Traditionsstrom' mag noch lebendig sein; doch das Lateinische selbst ist ‚tot' – eine nennenswerte literarische Produktion findet in dieser Sprache nicht mehr statt. Aber auch die Gotik ist ‚tot'; wir bauen keine gotischen Dome mehr, sondern moderne Fabriken, Verwaltungsgebäude und Kongreßhallen. Sollen wir deswegen die gotischen Dome nicht mehr betrachten und auf uns wirken lassen, sollen wir sie gar einreißen? Was haben wir Besseres an ihre Stelle zu setzen? Und wie mit der

Gotik, so ist es doch mit unserer gesamten vorindustriellen Vergangenheit bestellt, mit der Religion, der Philosophie, der Kunst, der Literatur, dem Mobiliar. Sollen wir das alles aufgeben, vergessen, verstummen lassen, vernichten? Schließlich, was in die wichtigste Sprache dieser unserer Vergangenheit eingegangen ist, die Erkenntnisse, die Erfahrungen, die Schönheit: Sollte alles das nur auf die jeweilige Gegenwart wirken? Hat es nicht weitergewirkt? Warum kann oder soll es nicht mehr auf uns wirken? Selbst einige unserer östlichen Nachbarn, die sich doch für überaus fortschrittlich halten, scheinen einzusehen, daß sich Europas lateinische Vergangenheit nicht so leicht hinwegdisputieren läßt: In der Sowjet-Union sind Lateinkenntnisse für Medizinstudenten verbindlich; in den Sekundarschulen der Tschechoslowakei ist Latein wieder Pflichtfach [4].

Ich plädiere hier nicht für einen kulturellen Bilderbogen, für unverbindliche touristische Unternehmungen in alte Zeiten. Ich meine vielmehr etwas, was alle Menschen zu benötigen scheinen, auch wir Heutigen: Wir müssen uns und unser Leben als sinnvoll erfahren. Diesen Sinn können wir nicht errechnen und nicht wissenschaftlich deduzieren, wir müssen ihn ergreifen und uns zu eigen machen. Die gegenwärtigen Lehrpläne – auch die lateinischen – bezeichnen gern den ‚mündigen Bürger‘, die ‚Emanzipation‘ als das oberste Ziel aller Bildung. Ich halte diese Bestimmung für einseitig; sie scheint mir zu viel Wert auf die ‚Freiheit wovon‘ – nämlich von überkommenen Bindungen – und zu wenig Wert auf die ‚Freiheit wozu‘ – nämlich zu selbstgewählten Bindungen, zum Ergreifen und Bewahren von Sinn – zu legen. Erst recht sehe ich es für einseitig an, wenn sich gewisse Lehrpläne nicht genug darin tun können, Bildungsziele wie ‚Durchschauen und Entlarven von Demagogie, Ideologie und Manipulation‘ anzupreisen, und wenn sie hierfür die gesamte Überlieferung als Anschauungsmaterial herhalten lassen. Eine solche Erziehung zur Negativität ist geeignet, grämliche Kritiker, unglückliche, zu Vertrauen und Liebe unfähige Menschen oder herostratische Naturen hervorzubringen. Mir scheint, daß Latein – ein Fach, das, wie gesagt, nicht auf Fertigkeiten zielt – neben seiner formalen Aufgabe, als Repertoire von Denk- und Sprachetüden zu dienen, in seinen Inhalten nicht allein die Vermittlung einer kritischen, distanzierten usw. Haltung anstreben, sondern in gleichem Maße auch Modelle für das eigene Denken und Handeln des lernenden Kindes, Möglichkeiten zur Identifikation – oder wie immer man diese Dinge nennen will – bereitstellen sollte, und wenn hierfür, wie ich glaube, die ‚römische Welt‘ nicht mehr genug hergibt, so enthält die gesamte lateinische Tradition Europas ein unvergleichliches Sinnpotential – unser Sinnpotential, nicht das einer fremden Kultur –, das uns, ob mit oder ohne Latein, von Anfang an prägt und unseren geistig-seelischen Standort bestimmt.

Anmerkungen

[1] A. Clasen, Wozu Latein – Wie ist sein Platz im modernen Curriculum zu begründen?, in: Kollegstufenarbeit in den Alten Sprachen, hrsg. von K. Bayer – K. Westphalen, München 1971, S. 26–33.

[2] H.-Th. Johann, Latein unerwünscht? – Ergebnisse einer Schülerbefragung, in: Mitteilungsblatt des Deutschen Altphilologenverbandes 16 (1973), Nr. 1, S. 14 bis 21, bes. S. 15.

[3] S. Neumeister, Romanistik ohne Latein? – Zu einer Empfehlung der Konferenz der Romanischen Seminare, in: Die Neueren Sprachen 72/N. F. 22 (1973), S. 203–210.

[4] Nach Clasen, a.a.O., S. 27; dort die Belege.

Selbstbestimmung und Fremdbestimmung
Ein möglicher Bezugsrahmen für die Aufgaben der griechischen und lateinischen Philologie

1. Humanismus

Der Begriff ‚Humanismus' ist ein Erzeugnis des beginnenden 19. Jahrhunderts: Er wurde von dem Hegel-Freund Niethammer geprägt. Er bezeichnete zunächst den von der deutschen Klassik propagierten Versuch, ein bestimmtes Idealbild vom Menschen mit einem geschichtlichen Substrat, mit den Griechen, zu verknüpfen; er bezeichnete vor allem die Konsequenzen, die dieser Entwurf im europäischen Bildungswesen gezeitigt hat. Er blieb freilich nicht Alleinbesitz dieser im prägnanten Sinne ‚humanistischen' Bildungstradition – er übte eine starke Suggestivkraft aus und wurde im Laufe der Zeit von einer großen Vielfalt sehr verschiedener Richtungen beansprucht: vom Sozialismus und Kommunismus, von rationalistisch-biologistischen Deutungen des Menschen, von Repräsentanten der christlichen Konfessionen, vom Existenzialismus. Und in derselben Zeit ist sich auch der primäre idealistische, der mit der Antike verknüpfte und im Schulwesen verankerte Humanismus nicht gleich geblieben. Er entfernte sich, wie jüngst Walter Jens gezeigt hat [1], gerade in Deutschland von seinen ursprünglichen, auf die Freiheit des Individuums und des Staates zielenden Intentionen; er ergab sich teils einem apolitischen Ästhetizismus, teils einem der politischen Macht hörigen Chauvinismus.

Es ist hier nicht möglich, alle jene Richtungen, die den Begriff ‚Humanismus' für sich beanspruchen, des Näheren zu betrachten – wer Auskunft sucht, findet in leicht erreichbaren Publikationen, wie den zusammenfassenden Darstellungen von Walter Rüegg und Joseph Vogt [2], einen ersten Zugang. Wohl aber kann und muß gefragt werden, wie man sich als Anhänger, und erst recht, wie man sich als professioneller Repräsentant des primären Humanismus zu den mannigfaltigen Humanismen der Gegenwart stellen soll. Für eine derartige Überlegung kommen offenbar vornehmlich folgende vier Gesichtspunkte in Betracht:

1. Der primäre, der seinem Ursprung nach idealistische Humanismus hat ein Charakteristikum, durch das er sich deutlich von allen jüngeren Humanismen unterscheidet: Er allein hat nicht nur Ziele, sondern auch Stoffe – die antiken Sprachen und die antike Kultur –, mit denen er diese Ziele

zu erreichen sucht; er allein verlangt ein Lernpensum, mit dessen Bewältigung schon frühzeitig begonnen werden muß; er allein ist in der Hauptsache ein Phänomen des Schulunterrichts, der Erziehung, der sprachlich-literarischen Bildung.

2. Andererseits haben alle Humanismen Gemeinsamkeiten in ihren Zielen (sonst wäre ja auch die identische Bezeichnung sinnlos): Sie wollen dem Menschen zur Selbstbestimmung, zur Selbstverwirklichung verhelfen, so verschieden sie sich auch den Grundriß dieser Selbstverwirklichung vorstellen.

3. Alle diese Entwürfe menschlicher Selbstverwirklichung, auch der primäre, der idealistische Humanismus, zeigen Einseitigkeiten; man tut z.B. weder dem idealistischen noch dem sozialistischen Humanismus Unrecht, wenn man behauptet, daß jener – der idealistische Humanismus – dazu neige, den Intellekt und die Person, daß hingegen dieser – der sozialistische Humanismus – dazu neige, die materiellen Bedingungen und die Struktur des gesellschaftlichen Kollektivs zu überschätzen. Durch derlei Einseitigkeiten wird keiner der gegenwärtigen Humanismen grundsätzlich widerlegt – auch der idealistische nicht.

4. Die gegenwärtigen Humanismen haben ein recht unterschiedliches praktisches Gewicht. So ist z.B. die rationalistisch-biologische Richtung, ein anglo-amerikanisches Erzeugnis, auf dem Kontinent kaum heimisch geworden, und der Existenzialismus, der im Zeitalter des zweiten Weltkrieges eine dominierende Rolle spielte, scheint nunmehr stark an Terrain zu verlieren. Mit den Humanismen christlicher Observanz hat es wieder eine andere Bewandtnis: die christliche Religion erschöpft sich nicht in einem wie immer beschaffenen Humanismus. So bleibt – außer der christlichen Religion – lediglich der marxistische Humanismus als ernsthafter Konkurrent oder Partner übrig, und zwar nicht nur wegen der Größe seiner Anhängerschaft, sondern auch wegen der Erheblichkeit seines gedanklichen Potentials.

Aus diesen vier Prämissen sollten sich für den Anhänger des primären Humanismus folgende Konsequenzen ergeben: Da alle Humanismen der Gegenwart im Prinzip dasselbe Ziel verfolgen (Punkt 2), da sie sich andererseits in ihrer bisherigen Verwirklichung nicht von Einseitigkeiten freizuhalten wußten (Punkt 3), besteht für den Anhänger des primären Humanismus kein zulänglicher Grund, die jüngeren Humanismen schlechtweg zu ignorieren. Nun verfügt einzig der primäre Humanismus durch seine Bindung an die alten Sprachen über ein festes stoffliches Fundament (Punkt 1) – der Anhänger dieses Humanismus sollte also bestrebt sein, jenes Fundament für alle Erscheinungsformen des Humanismus fruchtbar zu machen; sein Tun sollte sich an den vielschichtigen Voraussetzungen der

Gegenwart und an dieser Gegenwart selbst orientieren, d.h. es sollte sich im Horizont der christlichen Religion und des marxistischen Humanismus (Punkt 4) abspielen. Anders ausgedrückt: In dem Maße, in dem der Anhänger des primären Humanismus an ein stoffliches Substrat, an die mühsame Vermittlung der alten Sprachen gebunden ist, in diesem Maße hat er die Pflicht, das in diesem Substrat schlummernde Potential jeweils voll zu aktualisieren (er ist also insoweit Diener von Zwecken, die außerhalb seiner liegen) – er darf sich nicht auf eine allzu enge humanistische Dogmatik (z.B. auf die der Jaeger-Schule) festlegen; er muß flexibler sein und den Zugang zu allen Humanismen der Gegenwart, zum Humanismus schlechthin, zu erschließen suchen. Diese Postulate besagen nicht, daß der primäre Humanismus nicht in letzter Instanz dem Gesetz vertrauen solle, nach dem er angetreten ist: ein Phänomen der Erziehung zu sein. Auseinandersetzung bedeutet nicht Selbstpreisgabe; sie dient vielmehr der Einsicht in die eigene Position und der Kontrolle von deren Haltbarkeit. Was hiermit gemeint ist, läßt sich wohl am besten am Kernstück aller Humanismen, an der Sorge um die Bestimmung des Menschen, dartun. Hier zeigt sich, worin die verschiedenen Formen des Humanismus übereinstimmen; hier zeigt sich zugleich, worin sich der primäre Humanismus grundsätzlich und unüberbrückbar vom marxistischen Humanismus unterscheidet.

Die Selbst- und Fremdbestimmungsproblematik ist ein Kind der Aufklärung. Sie hat in ihrer vollen Instrumentierung die Form eines Dreiphasenschemas, das sich von der Vergangenheit über die Gegenwart in die Zukunft erstreckt. Während der ersten Phase – so meint jene seit der Aufklärung verbreitete Doktrin – habe der Mensch, das menschliche Individuum im Zustande einer ursprünglichen Freiheit und Ganzheit gelebt; dann sei – zweite Phase – ein Prozeß eingetreten, dessen auf Ungleichheit zielende Tendenzen (wie das Privateigentum, die ständische Gliederung, die Arbeitsteilung) den ursprünglichen Zustand zerstört und so das menschliche Individuum zerstückelt und sich selbst entfremdet hätten; hieraus folge die Aufgabe – dritte Phase –, jene Freiheit und Ganzheit nach dem Leitbild der Selbstbestimmung aufs neue zu verwirklichen. Dieses Schema ist in tiefen Schichten des europäischen Geistes verwurzelt. Es nimmt den christlichen Dreischritt Paradies – Sündenfall – ewiges Heil auf, es verwandelt, es ‚säkularisiert' ihn (mit Löwith zu reden[3]), indem es ihn auf eine rein menschliche, geschichtliche Ebene transponiert.

Das zivilisationskritische Grundmodell des technischen Zeitalters soll nunmehr am Beispiel einiger wichtiger Repräsentanten, am Beispiel von Rousseau, Schiller, Marx und Marcuse, erläutert werden. Diese Denker stimmen in ihrer Deutung der ersten und zweiten Phase – also hinsichtlich der Phänomene, auf die sich ihre Zivilisationskritik stützt – weithin überein; sie unterscheiden sich jedoch hinsichtlich der Mittel, durch die sich ihrer Meinung nach die dritte Phase herbeiführen lasse. Es empfiehlt sich daher, die kritisch-analytischen und die spekulativen, auf die Zukunft gerichteten Elemente, wie sie in den genannten Paradigmen zur Selbst- und Fremdbestimmungsproblematik begegnen, je gesondert zu betrachten. Ein zweiter Teil dieser Darlegungen wird sodann zu skizzieren suchen, welche Aufgaben sich der griechischen und lateinischen Philologie unter den jetzt gegebenen Bedingungen im Hinblick auf die Selbst- und Fremdbestimmungsproblematik zu stellen scheinen.

2. Selbst- und Fremdbestimmung: Die Phänomene (Rousseau, Schiller, Marx, Marcuse)

Bei Rousseau[4] kommen die Phänomene hauptsächlich in den beiden Discours zur Sprache, die auf Preisfragen der Dijoner Akademie antworteten: ob die Erneuerung der Wissenschaften und Künste dazu beigetragen habe, die Sitten zu bessern; was der Ursprung der Ungleichheit unter den Menschen und ob diese Ungleichheit im Naturgesetz begründet sei. Der erste Discours rügt vor allem die Künstlichkeit der Kultur, die verlogene Gleichmacherei der Sitten[5]. Die menschliche Gesellschaft sei eine Herde, und in dieser Herde herrsche der Zwang, daß jedes ihrer Mitglieder das gleiche Benehmen zur Schau trage; eine trügerische Uniformität der Höflichkeit ebne alles Individuelle ein; der Schein, die Maske, die Heuchelei verstelle das Sein, die Eigenart, den wahren Charakter.

Der zweite Discours – „Discours sur l'origine et les fondemens de l'inégalité parmi les hommes" – trägt wichtigere, wirkungsträchtigere Angriffe vor. Hier geht es nicht so sehr um die Gleichheit des Firnisses der Gesellschaft wie um die Ungleichheit innerhalb der gesellschaftlichen Struktur, und diese Ungleichheit bewirkt ebenso wie jene Gleichheit, daß der Mensch um seine Freiheit gebracht, daß er sich selbst entfremdet und dem Diktat äußerer Verhältnisse unterworfen wird. Rousseau macht mit großer Bestimmtheit zwei einander bedingende ökonomische Ursachen, das Eigentum und die Arbeitsteilung, dafür verantwortlich, daß der Mensch seine ursprüngliche Autonomie, den Status einer vollen Existenz eingebüßt habe[6]. Der Mensch sei frei, gesund, gut und glücklich gewesen, solange er sich nur Arbeiten zuwandte, die ein einziger ausführen konnte, und solange er nur Künste pflegte, die nicht des Zusammenwirkens mehrerer Hände bedurften. Doch von dem Zeitpunkt an, da der eine die Hilfe des anderen nötig hatte und da man bemerkte, daß es für einen einzelnen nützlich sei, Vorräte für zwei zu haben – von diesem Zeitpunkt an sei die Gleichheit verschwunden, das Eigentum entstanden und die Arbeitsteilung erforderlich geworden, „und die weiten Wälder verwandelten sich in lachende Fluren, die mit dem Schweiß der Menschen begossen werden mußten und in denen man bald die Sklaverei und das Elend sprossen und mit den Ernten wachsen sah“. Der stetige Prozeß wachsender Ungleichheit, heißt es weiterhin [7], habe eine Menge neuer Bedürfnisse hervorgerufen, und hierdurch seien die Menschen, ob Herr oder Knecht, ob reich oder arm, wechselseitig voneinander abhängig geworden. Rousseau deutete diese Erscheinungen – sowohl die gleichmachende Konvention als auch die Ungleichheit innerhalb der Gesellschaft – bereits mit Formeln, die in der humanistischen Tradition der folgenden Zeit großes Gewicht erlangten [8]. Der Mensch des ursprünglichen Zustandes habe sich sozusagen stets ganz mit sich geführt und in sich selbst gelebt *(tout entier avec soi; en lui-même)*; der zivilisierte Mensch hingegen sei sich selbst fern, sei außer sich *(hors de lui)* – die seit der deutschen Klassik geläufigen Begriffspaare Ganzheit und Zerrissenheit, Selbstbestimmung und Entfremdung kündigen sich an.

Die französische Revolution rief in Deutschland eine üppige Blüte zeitkritischer Betrachtungen hervor, die in starkem Maße von den Schriften Rousseaus geprägt waren [9]. Eines der bedeutendsten Dokumente dieser Debatte, an der sich unter anderen auch Herder, Friedrich Schlegel und Novalis beteiligten, sind Schillers „Briefe über die ästhetische Erziehung des Menschen“. Da es hier zunächst lediglich um die Phänomene geht, an denen Humanisten der letzten beiden Jahrhunderte die Gefährdung des Menschen ablesen zu können glaubten, genügt ein Blick auf den 6. Brief, der das zeitkritische Fundament von Schillers erzieherischem Programm enthält. Wie Rousseau, so bedient sich auch Schiller eines Kontrastbildes, um seiner Diagnose des gegenwärtigen Zustandes Relief zu verleihen; er beruft sich jedoch zu diesem Zweck nicht mehr auf Rousseaus anthropologische Konstruktion des ‚Wilden‘, des ‚natürlichen Menschen‘, sondern auf den historischen – freilich kaum minder zum Idealtyp gesteigerten – ‚Griechen‘.

Schillers Analyse verweilt nur kurz beim Ganzen der Kultur, der staatlich-gesellschaftlichen Zustände: Das – im Verhältnis zur einfachen Organisation der ersten Republiken – verwickeltere Uhrwerk der modernen Staaten habe eine strengere Absonderung der Stände und Geschäfte notwendig gemacht; „auseinandergerissen wurden jetzt der Staat und die Kirche, die Gesetze und die Sitten; der Genuß wurde von der Arbeit, das Mittel vom Zweck, die Anstrengung von der Belohnung geschieden“. Schiller wendet vielmehr seine Aufmerksamkeit vor allem den Konsequenzen, den äußeren und besonders den inneren, zu, die dieses kunstreiche Uhrwerk für die Verfassung der Individuen mit sich brachte: Das gemeine Wesen habe das Amt zum Maßstab des Mannes gemacht, an einem andern den tabellarischen Verstand, an einem dritten nur die mechanische Fertigkeit geehrt. „Ewig nur an ein einzelnes kleines Bruchstück des Ganzen gefesselt", schreibt Schiller, „bildet sich der Mensch selbst nur als Bruchstück aus; ewig nur das eintönige Geräusch des Rades, das er umtreibt, im Ohre, entwickelt er nie die Harmonie seines Wesens, und anstatt die Menschheit in seiner Natur auszuprägen, wird er bloß zu einem Abdruck seines Geschäfts, seiner Wissenschaft". Und an einer anderen Stelle heißt es in noch schärferer Tonart: „Wir sehen nicht bloß einzelne Subjekte, sondern ganze Klassen von Menschen nur einen Teil ihrer Anlagen entfalten, während daß die übrigen, wie bei verkrüppelten Gewächsen, kaum mit matter Spur angedeutet sind."

Schiller maß seinem Kontrastbilde, den Griechen, Ganzheit bei: Dort habe jedes Individuum die ganze Menschheit repräsentiert; es habe die Mannigfaltigkeit seiner natürlichen Anlagen zu einer Totalität harmonischer Kräfte entfaltet. Der moderne Mensch hingegen – legt Schiller dar – führe eine fragmentarische Existenz; sein Wesen sei geteilt, zerrissen und zerrüttet; dem Einzelnen eigne Beschränktheit und Einseitigkeit. Rousseau hatte die ständische Gliederung, die Arbeitsteilung und das Eigentum für den beklagenswerten Zustand des zivilisierten Menschen verantwortlich gemacht: Schiller übernimmt die ständische Gliederung und die Arbeitsteilung; er schweigt vom Eigentum, von der Ungleichheit der Besitzverhältnisse, von dem Überfluß der Reichen und der Not der Armen. Es kommt Schiller schon in seiner Diagnose nicht so sehr auf die äußeren Bedingungen wie auf die innere Verfassung der Individuen an; er zielt auf etwas Geistiges, auf einen Prozeß der Bildung, und folgerichtig ersetzt er die robuste Primitivität des rousseauschen Naturmenschen durch ein subtiles Ideal, das dem Geist und den Sinnen, der Form und der Fülle gleiche Rechte zugebilligt wissen will. Rousseau hatte seinen Lesern den primitiven Naturmenschen zumuten können, da er diesen Zustand für unwiederbringlich hielt und sein evolutionäres Konzept nach der Seite der Zukunft hin offen geblieben war. Anders Schiller. Er glaubte wie viele seiner Zeitgenossen an eine dreistufige, einem Telos zustrebende Entwicklung der Menschheit: Der ‚Grieche', so lehrte er, werde wiederkehren; auf die ursprüngliche Einheit und die gegenwärtige Zerstückelung werde eine neue Synthese folgen.

„An die Stelle der alten bürgerlichen Gesellschaft mit ihren Klassen und Klassengegensätzen tritt eine Assoziation, worin die freie Entwicklung eines jeden die Bedingung für die freie Entwicklung aller ist" – mit diesen Worten schließt der zweite, „Proletarier und Kommunisten" betitelte Abschnitt des „Kommunistischen Manifests“ [10]. Die marxsche Geschichtsphilosophie gründet sich auf das Dreiphasenschema der deutschen Klassik. Zwar ist dieses Schema um die Dimension der Vergangenheit verkürzt: Marx hat nicht mehr das Bedürfnis, sein Ideal menschlicher Vollkommenheit im Raum der Geschichte zu lokalisieren. Dieses Ideal ist gewissermaßen eine unbefragte Selbstverständlichkeit; da es in seiner Quintessenz mit dem Ideal der deutschen Klassiker übereinstimmt, kann man hierin einen Effekt der humanistischen Bildung erblicken. Desto intensiver befaßt sich Marx mit der zweiten Phase, mit der Verkümmerung, die das gegenwärtige Stadium des Abfalls dem Menschen auferlegt. Er hat selbst die Elemente seiner Zeitkritik durch die Kategorie der ‚Entfremdung‘ zu einem Ganzen zusammengefaßt. Dieser Begriff entstammte der Philosophie Hegels. Er hatte dort eine neutrale, keine im kulturkritischen Sinne negative Bedeutung gehabt. Denn er war dort nicht an eine bestimmte Situation, an einen bestimmten geschichtlichen Ort des Menschen gebunden. Der Begriff bezeichnete allgemein das Moment der Entzweiung als der notwendigen Voraussetzung einer neuen Einheit – ein Moment also, das im dialektischen Prozeß der Selbstverwirklichung des absoluten Geistes ständig wiederkehrt, das allen Stadien dieses Prozesses eigentümlich ist. Marx hingegen hat die Schraube des hegelschen Entwicklungsdenkens auf den klassischen Dreischritt reduziert; sein Entfremdungsbegriff zielte daher auf einen einmaligen Zustand im Ganzen der Geschichte und gewann hierdurch die Stoßkraft einer konkreten Anklage und eines konkreten Appells.

Marx hat ein ganzes Bündel von miteinander verketteten Entfremdungen oder Spaltungen der menschlichen Existenz namhaft gemacht: die religiöse und die philosophische, die politische und die soziale sowie schließlich die ökonomische Entfremdung, die – wie er glaubte – eigentliche Basis aller Entfremdungen, von der die übrigen nur Folgeerscheinungen, Indizien, Reflexe seien. Seine Schilderung der Phänomene beruht auf der rousseauschen Dreiheit der ständischen Gliederung, der Arbeitsteilung und des Eigentums; sie nimmt durchaus das Individuum zu ihrem Bezugspunkt und befaßt sich sowohl mit der materiellen als auch mit der geistigen Seite der Entfremdung, d.h. sie geht sowohl auf das physische als auch auf das psychische Elend der arbeitenden Klasse ein. In diesem Zusammenhang ist vor allem der zweite Aspekt von Belang; was Marx hierzu beibringt, liest sich großenteils wie eine Reprise der schillerschen Argumente. Mit der Teilung der Arbeit, heißt es einmal [11], sei die Möglichkeit, ja die Wirklichkeit gegeben, daß die geistige und materielle Tätigkeit, daß der Genuß und die Arbeit, die Produktion und Konsumtion verschiedenen Individuen zufielen. Und an anderer Stelle schreibt Marx [12]: „Die Arbeit... produziert Schönheit, aber Verkrüppelung für den Arbeiter ... Sie produziert Geist, aber sie produziert Blödsinn, Kretinismus für den Arbeiter." Die marxsche Gegeninstanz einer heilen menschlichen Existenz rekurriert ebenfalls auf Schiller, auf den schillerschen Begriff der Totalität: In der wahren Gesellschaft, meint Marx, eigne sich der Mensch als totaler Mensch sein allseitiges Wesen auf eine allseitige Art an; der reiche Mensch der Zukunft, bemerkt er ein andermal, sei der einer Totalität der menschlichen Lebensäußerung bedürftige Mensch[13]. „Woher wohl dieses nachteilige Verhältnis der Individuen bei allem Vorteil der Gattung?", hatte Schiller in seiner Charakteristik der Gegenwart gefragt. Der Kommunismus, replizierte Marx, sei als vollendeter Naturalismus und vollendeter Humanismus „die wahre Auflösung des Streits zwischen Existenz und Wesen, zwischen Vergegenständlichung und Selbstbestätigung, zwischen Freiheit und Notwendigkeit, zwischen Individuum und Gattung"[14]. Ein Element des marxschen Konzepts geht allerdings deutlich über die Bestimmungen Schillers hinaus: die Rolle, die der Arbeit, und zwar offensichtlich auch der mechanischen Arbeit, im Zusammenhang mit der Selbstverwirklichung des Menschen zugeschrieben wird. Die Arbeit, erklärt Marx[15], werde vom Arbeiter nicht bejaht, sondern verneint; sie sei nicht die Befriedigung eines Bedürfnisses, sondern nur ein Mittel, um Bedürfnisse außer ihr zu befriedigen. Derlei Kritik am gegenwärtigen Zustand impliziert, daß die bessere Zukunft das Gegenteil – eine Arbeit also, die vom Arbeiter bejaht wird, die selbst die Befriedigung eines Bedürfnisses ist – ermögliche. Es ist freilich schwierig zu bestimmen, wie sich Marx die Verwirklichung dieses Ideals, das offenbar eng an die ebenfalls mit Nachdruck von ihm geforderte Aufhebung der Arbeitsteilung geknüpft ist, vorgestellt haben mag.

Das kulturkritische Werk „Der eindimensionale Mensch" von Herbert Marcuse[16] besteht aus zwei Hauptteilen; der erste Teil befaßt sich mit der gegenwärtigen Gesellschaft, der zweite mit der dazugehörigen Wissenschaft. Dieser Grundriß deckt sich nicht von ungefähr mit den Themen, deren sich einst Rousseau in seinen beiden Discours angenommen hatte. Die geschichtsphilosophischen Kategorien, die das Werk durchdringen, sind teils der Dialektik Hegels, teils dem klassischen Dreiphasenschema verpflichtet. Die Phase der Vergangenheit reicht bis zur Entstehung der modernen Industriegesellschaft. Sie ist – anders als etwa bei Schiller – nicht mehr schlechtweg eine Phase heiler menschlicher Existenz. Sie hat jedoch der gegenwärtigen, der durch die moderne Industriegesellschaft bestimmten Phase ein großes Plus voraus: die Zweidimensionalität, d. h. die Fähigkeit des Menschen, der wirklichen eine mögliche Dimension gegenüberzustellen und die wirkliche an der möglichen Dimension zu messen, kurz die Fähigkeit zum das je Gegebene transzendierenden Selbstentwurf. Die gegenwärtige Phase wiederum ist – ihrer Tendenz nach – die Negierung dieser Zweidimensionalität; ihr Plus gegenüber der Vergangenheit besteht darin, daß ihre materielle Kultur, ihre technischen Mittel die überkommenen Herrschaftsverhältnisse und den bisherigen Kampf ums Dasein eigentlich überflüssig machen. Aus beidem ergibt sich Marcuses Entwurf für die Zukunft. Er postuliert die Synthese von Ideellem und Materiellem; er postuliert, daß die zweite Dimension nicht als pures Gedankending für sich existiere wie in der Vergangenheit, daß sie nicht aus den Köpfen der Menschen verschwinde wie in der Gegenwart, daß sie vielmehr – wozu ja die Technik jetzt die Mittel an die Hand gibt – in die Wirklichkeit überführt werde, daß sie die bestehende Wirklichkeit durchdringe.

Der Kritik, die Marcuse an der gegenwärtigen Industriegesellschaft übt, dient offensichtlich das menschliche Individuum, seine Freiheit und Selbstbestimmung, als absoluter Maßstab. Die Beschaffenheit dieser Norm muß allerdings im wesentlichen aus negativen Bestimmungen, aus dem Bild vom gegenwärtigen ‚eindimensionalen' Menschen, erschlossen werden. Das Verhältnis von physischer und geistiger, von äußerer und innerer Sphäre ist bei Marcuse komplizierter als bei Marx. Marcuse glaubt nicht mehr, daß der Mensch allein durch äußere Verhältnisse an seiner Bestimmung gehindert werde und daß eine Heilung dieser Verhältnisse von selbst zur Heilung des Menschen führe; er geht davon aus, daß der Mensch von Dämonen bedrängt wird, die sich sowohl außerhalb als auch innerhalb seiner befinden, und daß das einverständliche Zusammenwirken dieser Dämonen sowohl die physische als auch die geistige Sphäre vergiftet. Die Dämonen heißen ‚falsche Bewußtseinsinhalte'; sie sind ebensosehr ein kollektives Übel wie ein Übel, an dem jeder einzelne krankt. Die physische Sphäre wird vor allem von den ‚falschen' Bedürfnissen beherrscht – von Bedürfnissen, die über das Maß des Naturnotwendigen hinausgehen und den modernen Menschen einem Druck aussetzen, als müsse er noch wie seine Vorfahren um das nackte Leben kämpfen. Sie rauben ihm die Zeit und bringen ihn so mittelbar um die Möglichkeit der Selbstverwirklichung. Das Ideal vom Menschen, das diese Lehre erkennen läßt, erinnert deutlich an das Autarkieprinzip der hellenistischen Philosophie, an das stoische und epikureische Leitbild des Weisen. Die geistige Sphäre wiederum – der Bereich der Philosophie, der Kunst, der Geschichte – ist der Deformation, der Schrumpfung unterworfen; hierdurch wird dem modernen Menschen unmittelbar die Möglichkeit einer erfüllten individuellen Existenz genommen. Auch aus diesen Anklagen läßt sich ein positiver Kontrast, ein Ideal erschließen. Marcuses Bild vom freien, sich selbst bestimmenden Menschen ist offensichtlich dem Bildungsbegriff der deutschen Klassik verpflichtet.

Die Kritik Marcuses beruht erklärtermaßen auf anderen Prämissen als die Kritik von Marx. Sie hat die gegenwärtige amerikanische und westeuropäische Wohlstandsgesellschaft zum Thema. Demgemäß steht nicht mehr das physische Elend einer bestimmten Klasse, sondern das geistige Elend aller oder der meisten im Mittelpunkt der Betrachtung, und der Kontrast ‚Reichtum' (der Bourgeoisie) – ‚Armut' (des Proletariats) ist ganz und gar in dem Kontrast ‚Macht' (der allgemeinen Verhältnisse) – ‚Ohnmacht' (der Individuen) aufgegangen. Marcuses Analyse bedient sich der Leitbegriffe ‚Technologie', ‚Rationalität', ‚Funktionalität'; sie beschreibt die gegenwärtige Wirklichkeit als einen gigantischen Apparat der Arbeitsteilung, als ein System, in dem sämtliche Teile präzis und konsequent aufeinander abgestimmt sind. Dieses System wird von einem einzigen Prinzip beherrscht: von der Ökonomie, dem unerbittlichen Kreislauf der Produktion und des Konsums. Das wirtschaftliche Denken ist in sämtliche Bereiche des menschlichen Daseins eingedrungen; es dirigiert und manipuliert schlechthin alles; es hat die Politik und die Kultur ihrer Eigenständigkeit beraubt. Sein wichtigstes Instrument ist die Massenkommunikation, sein auffälligstes Resultat die Nivellierung, der Konformismus. Dieser rigorose Mechanismus wirtschaftlicher Zweckhaftigkeit vermag sich deshalb zu behaupten und stetig zu vervollkommnen, weil er allen, die in ihn einbezogen sind, ein ‚bequemes Leben' verspricht. Er erzeugt jedoch in Wahrheit eine allgemeine Sklaverei, wobei das eigentlich Teuflische gerade darin besteht, daß seine ‚Sklaven' keine Einsicht in ihren Zustand haben, ja daß er ihnen – durch den Entzug der ‚zweiten Dimension' – alle Mittel nimmt, diesen Zustand zu durchschauen.

3. Selbst- und Fremdbestimmung: Die Programme (Rousseau, Marx, Schiller)

Soviel über die kritisch-analytische Seite einiger Entwürfe zur Selbst- und Fremdbestimmungsproblematik – trotz mancher durch die jeweiligen Zeitumstände bedingten Abwandlung ist ein fester Bestand übereinstimmender Grundmotive deutlich erkennbar. Desto stärker divergieren die hier erörterten Entwürfe im spekulativen Bereich, hinsichtlich der Mittel also, von denen sie sich jeweils die Lösung der von ihnen erörterten Probleme erhoffen. Diese Mittel lassen sich kürzer abtun: Aus Gründen, die noch angedeutet werden sollen, kann sich hier die Betrachtung im wesentlichen mit dem Lösungsversuch Schillers begnügen.

Rousseaus Antwort auf die Fragen, welche die Discours aufgeworfen hatten, steckt in der Lehre vom Gesellschaftsvertrage. Wenn ein Gemeinwesen einzig von der *volonté générale* – von dem, was jeder Vernünftige will oder wollen muß – regiert wird, so ist keines seiner Mitglieder sich selbst entfremdet, ist jedes Mitglied frei; denn frei ist, wer nur dem Gesetz gehorcht, das er sich selbst gegeben hat. Die bekannte Crux dieser Konstruktion ist in dem Zusatz „oder wollen muß" enthalten. Denn Rousseau hat ja durchaus nicht übersehen, daß der egoistische Einzelwille vom Vernunftprinzip der *volonté générale* abweichen kann. Er meinte, die Gemeinschaft dürfe in diesem Falle der *volonté générale* durch Zwang Geltung verschaffen: ein Zwang, der sich auf das richte, was jeder wollen müsse – ein Zwang zur Freiheit also –, sei unbedingt gerechtfertigt. Diese Auskunft ist jedoch keine Lösung des Problems. Rousseau bleibt streng genommen jede Garantie dafür schuldig, daß die zwingende Instanz stets wisse, was jeweils ‚*volonté générale*' sei und was nicht. Mit anderen Worten: Er verrät nicht, wie gesichert sei, daß die über Zwangsmittel gebietende Instanz des Gemeinwesens stets nur die wahre *volonté générale* durchzusetzen suche.

Marx hat geglaubt, daß die Revolution des Proletariats die Übel, die seine Zeitkritik anprangerte, auf immer beseitigen, daß sie den Kommunismus als die einzig wahre Gemeinschaft aller Menschen hervorbringen werde. Diese Lehre enthält vielerlei Dunkelheiten und Widersprüche; hier kann nur gestreift werden, was sich unmittelbar auf die Selbstverwirklichung des Individuums bezieht. Eine derartige Perspektive ist durchaus legitim: Marx wollte ja das Heil der Person uneingeschränkt gewahrt wissen; zumal seine Polemik gegen den ‚Vulgärkommunismus' beweist, wie scharf er sich in diesem Punkte von verwandten Theoretikern seiner Zeit unterschied. Der Satz vom Kommunismus als vollendetem Naturalismus und vollendetem Humanismus deutet an, daß sich Marx die Selbsterlösung des Menschen als ein System von Identifikationen vorstellte: Der Mensch kommt zu sich selbst, zu seinem natürlichen Wesen und versöhnt sich hierdurch sowohl mit der Natur als auch mit Seinesgleichen, und die Spaltungen von Subjekt und Objekt (im Verhältnis des Menschen zur Natur), von Individuum und Gattung (im Verhältnis des Menschen zu Seinesgleichen) weichen einer totalen Identität. Marx knüpfte diese Erwartungen an die Aufhebung des Privateigentums. Von seinem Standpunkt aus hatte er hiermit vollauf recht. Da nach seiner Meinung das Privateigentum alle bestehenden Entfremdungen – die religiöse, die politische und die soziale Entfremdung – verursacht hatte, mußte er sich von dessen Beseitigung erhoffen, daß es keine Abhängigkeit von übergeschichtlichen Mächten, keinen Staat und keine Klassen mehr geben werde. Für den nichtmarxistischen Betrachter zeigt sich hier freilich eine der auffälligsten Schwächen der marxschen Lehre. Ihm kann nicht entgehen, daß ein Mißverhältnis zwischen

Ursache und Wirkung besteht und daß die Dialektik der Aufhebung von Gegensätzen, ein von Haus aus formales Prinzip, mehr leisten soll, als sie zu leisten vermag. Genauer: Marx verfing sich im Netz der eigenen Voraussetzungen. Er sah die Übel seiner Zeit. Er mußte – hierzu nötigte ihn der Mechanismus des hegelschen Dreischritts – diesen Übeln einen Sinn zuschreiben. Seine Lösung lautete: Die Entfremdung im Zeitalter der Bourgeoisie und des Kapitalismus war unvermeidlich, weil sich die Steigerung der Produktivkräfte, wie die Technik sie ermöglichte, auf keine andere Weise hätte herbeiführen lassen. Marx bejahte also die Produktivkräfte, die Technik; er wollte sie als Basis der künftigen Gesellschaft beibehalten wissen. Er verneinte hingegen die Produktivverhältnisse, die durch das Privateigentum bewirkte Trennung von Bourgeoisie und Proletariat. Er glaubte daher, daß die bloße Änderung dieser Verhältnisse sofort – und sozusagen automatisch – den ganzen Menschen ändern werde. „Erst in der Gemeinschaft", heißt es mit Entschiedenheit in der „Deutschen Ideologie" (gemeint ist die wahre, die kommunistische Gemeinschaft), „existieren für jedes Individuum die Mittel, seine Anlagen nach allen Seiten hin auszubilden; erst in der Gemeinschaft wird also die persönliche Freiheit möglich" [17]. Die Mittel, die Möglichkeit: mit dieser Erwägung glaubte sich Marx des weiteren Nachdenkens überhoben; wer ihn zu befragen versucht, wie er sich die Verwirklichung vorgestellt habe, stößt in ein Vakuum.

Marcuse kann hier übergangen werden. Was der kurze Schlußabschnitt des „Eindimensionalen Menschen" – er ist „Die Chance der Alternativen" betitelt – an Prognose enthält, wiederholt und variiert den Schematismus der hegel-marxschen Dialektik. So bleibt Schiller – ihm wurde dieses Mal mit Bedacht das letzte Wort eingeräumt. Schon bei ihm findet sich jenes Argument, mit dem Marx und dann wieder Marcuse die Misere der Gegenwart zu rechtfertigen suchten: die Arbeitsteilung, die berufliche Spezialisierung sei eine für den Fortschritt der menschlichen Gattung notwendige Phase des Übergangs. „Die mannigfaltigen Anlagen im Menschen zu entwickeln", schreibt Schiller im 6. Brief über die ästhetische Erziehung, „war kein anderes Mittel, als sie einander entgegenzusetzen. Dieser Antagonismus der Kräfte ist das große Instrument der Kultur." Und bald darauf heißt es: „Einseitigkeit in Übung der Kräfte führt zwar das Individuum unausbleiblich zum Irrtum, aber die Gattung zur Wahrheit." Dann aber gibt Schiller seinem Argument eine schier paradoxe, eine von seinen Nachfolgern, von Marx und Marcuse, nicht übernommene Wendung: „Und in welchem Verhältnis", schreibt er zunächst, „stünden wir also zu dem vergangenen und kommenden Weltalter, wenn die Ausbildung der menschlichen Natur ein solches Opfer notwendig machte? Wir wären die Knechte der Menschheit gewesen, wir hätten einige Jahrtausende die Sklavenarbeit für sie getrieben und unserer verstümmelten Natur die beschämenden Spuren dieser Dienstbarkeit eingedrückt – damit das spätere Geschlecht in einem seligen Müßiggange seiner moralischen Gesundheit warten und den freien Wuchs seiner Menschheit entwickeln könnte!" Und nunmehr folgt, durch den konjunktivischen Ausruf vorbereitet, die Wendung selbst: „Kann aber wohl der Mensch dazu bestimmt sein, über irgendeinem Zwecke sich selbst zu versäumen? ... Es muß also falsch sein, daß die Ausbildung der einzelnen Kräfte das Opfer ihrer Totalität notwendig macht; oder wenn auch das Gesetz der Natur noch so sehr dahin strebte, so muß es bei uns stehen, diese Totalität in unsrer Natur, welche die Kunst zerstört hat, durch eine höhere Kunst wiederherzustellen."

Eben diese Wiederherstellung erhoffte sich Schiller von seiner ästhetischen Erziehung, von der Erziehung überhaupt. Hierzu bestimmten ihn vornehmlich zwei Motive. Die französische Revolution hatte ihm gezeigt, daß der plötzliche gewaltsame Umsturz eine zweifelhafte Auskunft sei; sie hatte ihm gezeigt, daß die allzu rasche Durchsetzung von Idealen die physische Existenz der Gesellschaft und ihrer Mitglieder gefährden könne. „Wenn der Künstler an einem Uhrwerk zu bessern hat", schreibt er warnend im 3. Brief, „so läßt er die Räder ablaufen; aber das lebendige Uhrwerk des Staats muß gebessert werden, indem es schlägt, und hier gilt es, das rollende Rad während des Umschwungs auszutauschen." Doch stärker noch als durch die geschichtliche Erfahrung wurde Schiller gewiß durch ein zweites Motiv bestimmt, in der Ochsentour der Erziehung das einzige Heil zu suchen: durch seinen Glauben an die Würde der Person. Es widerstrebte ihm, seine Dreiphasentheorie zu radikalisieren; er weigerte sich, das Individuum gänzlich den Gesetzen eines Prozesses aufzuopfern, es zum wehrlosen Gefangenen seiner Situation zu erklären. Schillers paradoxe Wendung, sein Ruf nach Erziehung ist ein Protest des Gewissens und der dem Konkreten verpflichteten Sittlichkeit – ein Protest gegen die Faszination von Abstraktionen, die sich anheischig machen, um den Preis des Hier und Jetzt irgendwann einmal die ganze Menschheit mit einem Schlage zu erlösen. Dieser Protest geht davon aus, daß es immer nur Individuen sind, die da geboren werden, leben und sterben; er beruht auf der Einsicht, daß die Person, ihr Anspruch auf Glück, der absolute Bezugspunkt von Überlegungen sei, die sich mit dem Wohl und Wehe der Menschheit befassen.

4. Selbstbestimmung als Aufgabe der humanistischen Bildung

Wozu dient die Selbst- und Fremdbestimmungsproblematik, was kann man mit ihr anfangen, was bedeutet sie zumal für den Anhänger des primären Humanismus, für den Repräsentanten der griechischen und lateinischen Philologie? Diese Frage läßt sich wohl nur über einen kleinen Umweg befriedigend beantworten – über einen Umweg, der die Selbst- und Fremdbestimmungslehren in ihrer Gesamtheit würdigt und sie hierbei auf das ihnen zukommende Maß reduziert[18]. Die soeben skizzierten Theorien – auch die von Rousseau und Schiller – sind ja durchweg geschichtsphilosophischem Denken verpflichtet, d. h. (und hieraus geht der christliche Ursprung des Dreiphasenschemas besonders deutlich hervor) sie rechnen mit Menschheitsepochen, mit der einmaligen Sukzession von Weltaltern in dem als einem Ganzen überblickten Ablauf der Geschichte. Hiermit hängt zusammen, daß sie alle ein mehr oder minder stark deterministisches Gepräge zu erkennen geben. Schon die sprachliche Form weist in diese Richtung: Von Rousseau bis Marcuse herrschen passivische oder dem Passiv verwandte Wendungen vor, und es wimmelt von Abstrakta auf -ung, wie Arbeitsteilung, Entfremdung usw. – der Prozeß scheint sich, gleichsam schicksalhaft, über die Köpfe der Menschen hinweg zu vollziehen. An den Inhalten lassen sich derlei mythische Züge noch deutlicher ablesen: an der ersten Phase, sofern sie mit einer ursprünglichen Ganzheit und Freiheit rechnet, an der dritten Phase, sofern sie die Nöte der Menschheit ein für allemal zu beseitigen verspricht.

Die Selbst- und Fremdbestimmungslehre bedarf also gewissermaßen der Entmythologisierung. Hierzu hat Schiller den Weg gewiesen, und deshalb wurde seiner Lösung der Vorzug eingeräumt. Wir meinen, daß kein actus mysticus einer Revolution oder eines dialektischen Umschlags zu helfen vermag, sondern einzig das mühselige Geschäft der von Generation zu Generation, von Individuum zu Individuum sich wiederholenden Erziehung – in diesem Sinne kann Sisyphus als der vornehmste Heilige im philosophischen Kalender gelten. Eine entmythologisierte Fassung der Selbst- und Fremdbestimmungslehre hätte demnach etwa folgendes Aussehen: Man verzichte auf die erste Phase – der Urmensch war ja wohl in Wahrheit ein scheues Herdentier; man verzichte weiterhin auf die ‚eschatologische' dritte Phase – die Dämonen der modernen Zivilisation sind von Jahrzehnt zu Jahrzehnt mächtiger geworden, und ein epochaler Wandel läßt sich weniger denn je erwarten. Schließlich muß auch die zweite Phase, unsere technisch-industrielle Gegenwart, mit kühlem Auge betrachtet werden. Sie ist einerseits kein Schicksal, sondern Menschenwerk; sie ist

andererseits als Ganzes unwiderruflich – wie sollen die Millionen der von ihr verursachten Bevölkerungsexplosion anders Nahrung finden. So bleibt ein bescheidener, aber nicht belangloser Spielraum für die Selbstbestimmung und die ihr dienende Erziehung. Er ergibt sich daraus, daß die Menschen die Technik, den Apparat nicht nur zu guten, sondern auch zu bösen Zwecken verwenden, und zwar vornehmlich in zweifacher Hinsicht: Sie mißbrauchen die Technik, indem sie durch unnötige Produkte falsche Bedürfnisse im Sinne Marcuses erwecken; sie mißbrauchen das Prinzip der Arbeitsteilung, indem sie zum Zwecke egoistischen Machtgewinns unnötige und somit für die Gesamtheit schädliche Spezialisierungen ersinnen – auf diese gefährliche Erscheinung zielt das Schlagwort von der Technokratie. Für die Selbstbestimmung und die ihr dienende Erziehung folgt hieraus: Man distanziere sich von falschen Bedürfnissen und unnötigem Spezialistentum, oder, positiv ausgedrückt, man nehme sich mehr Zeit für sich selber und für andere, man steigere die Bereitschaft zu eigener Reflexion und zu allgemeiner Kommunikation.
Hiermit ist die Richtung angedeutet, in der der primäre Humanismus – die griechische und die lateinische Philologie – seit jeher seine Aufgaben gesucht hat (oder hätte suchen sollen) und wohl auch weiterhin wird suchen müssen. Wer es unternimmt, diese Aufgaben genauer zu bestimmen, geht zweckmäßigerweise von den bisherigen Zielsetzungen aus. Hierüber hat sich unter den Angehörigen der Generation, die vor dem ersten Weltkrieg geboren wurde und heranwuchs, kaum jemand so grundsätzlich geäußert wie Wolfgang Schadewaldt. In dem Vortrag „Sinn und Wert der humanistischen Bildung im Leben unserer Zeit“ [19] ist die bisherige Programmatik zu folgenden vier Thesen verdichtet:

- Die Erlernung der beiden antiken Sprachen sei eine hervorragende Schule des Verstandes. (Dieser Punkt soll hier nicht erörtert werden.)
- Die Griechen hätten höchst instruktive Modelle von der Welt und vom Menschen aufgestellt. Diese Modelle seien in der heutigen, vielschichtig gewordenen Auffassung von der Welt und vom Menschen nicht mehr unmittelbar gültig; sie hätten indes den Vorzug des Einfachen, Übersichtlichen und vermöchten so zur Schärfung der inneren Anschauung beizutragen.
- Die humanistische Bildung ermögliche die geschichtliche Selbstorientierung und Selbstbestimmung in der Gegenwart. Das Gewebe der europäischen Kultur bestehe aus drei durchgehenden Zetteln: dem Griechentum, dem Römertum, dem Christentum; das Griechentum aber sei die Entelechie, die lebendige, sich in ständiger Fortgestaltung bewahrende Grundform Europas. Die humanistische Bildung vermittele durch ihre

Gegenstände ein Wissen von der geschichtlichen Bedingtheit der eigenen Zeit.
- Eben diese Bildung führe zur Begegnung mit der geistigen Substanz der Antike, mit den Maßstäben und Werten, denen man sich verpflichtet gefühlt habe. Die griechische Ethik laufe auf eine Konzeption vom Menschen hinaus, der sein Dasein auf die Vernunft zu gründen suche und so zu dem gelange, was man Freiheit zu nennen pflege – die Griechen hätten das Bild vom selbständigen, auf sich selbst gestellten Menschen geschaffen.

Es ist nun nicht unwichtig zu wissen, wie sich Schadewaldt die Wirkung, den Lebensvollzug der humanistischen Bildung vorgestellt hat. Hierüber gibt der Aufsatz „Gedanken zu Ziel und Gestaltung des Unterrichts in den alten Sprachen“ [20] Auskunft. Dort wird vom altsprachlichen Unterricht nichts Geringeres erwartet, als daß derjenige, der ihn genossen habe, für sein ganzes weiteres Leben von dem Bedürfnis durchdrungen und geprägt sei, sich von den antiken Büchern wie von Bildern begleiten zu lassen. „Über das notwendige System von Treppen“, schreibt Schadewaldt weiterhin, „muß der junge Mensch auf der Schule selbst in die Staatsräume der großen Autoren eingeführt werden. Unwahrscheinlich, wenn ihm dies wirklich geschehen ist, daß er dann nicht immer wieder dorthin zurückkehrt, um sich dort für die Mühen und Verworrenheiten des Lebens, in dem er steht, Kraft, Klarheit, Einsicht und erhellende Zuversicht zu holen.“ Diese Thesen entstammen den fünfziger Jahren, einer Zeit also, in der sie noch – und wohl zum letzten Male – als plausibel erscheinen mochten. Sie sind durch die seitherige Entwicklung überholt. Die Modell-These krankt daran, daß sich die griechische Einfachheit (ist sie wirklich so einfach?) und die moderne Kompliziertheit nicht unmittelbar aufeinander beziehen lassen – es fehlt an der vermittelnden Tradition. Die These von der geschichtlichen Selbstbestimmung durch die humanistische Bildung setzt die griechische Kultur absolut; sie ist dem Griechenglauben der deutschen Klassik verpflichtet. Zahlreiche Erscheinungen in der modernen Philosophie und Kunst beruhen nicht so sehr auf antiken wie auf christlichen Prämissen – es sei hier nur an das Dreiphasenschema der Zivilisationskritik erinnert. Die These von der Bedeutung der geistigen Substanz der Antike geht von der – jetzt nicht mehr zwingenden – Annahme aus, daß diese Substanz, die Vernunft, die Freiheit, das Bild vom selbständigen Menschen, nur an der Antike selbst, nicht auch an anderen, uns näherstehenden Paradigmen der europäischen Tradition erfahren werden könne. Der Lebensvollzug der humanistischen Bildung endlich, wie Schadewaldt ihn beschreibt, setzt ein Zweifaches voraus: 1. Die Schule muß so viel Fertigkeit im Umgang mit den antiken Sprachen vermitteln, daß die großen Autoren ohne allzuviel Plackerei gelesen werden können; 2. diese großen Autoren müssen als höchste Instanz in den Grundfragen des Lebens anerkannt sein. Beide Voraussetzungen treffen heute nicht mehr oder nur noch in wenigen Ausnahmen zu.

Die Lage der humanistischen Bildung und ihrer Institutionen (des Gymnasiums, der griechischen und lateinischen Philologie) hat sich in den beiden letzten Jahrzehnten fundamental gewandelt[21]. Sie zeigt jetzt etwa das folgende äußere Bild. Die Universitätsdisziplin Klassische Philologie befindet sich in einem Zustande starker Isolation. Ihre Forschung dreht sich viel zu sehr um sich selbst; sie hat weder bei den Repräsentanten benachbarter Disziplinen noch bei den Fachgenossen am Gymnasium noch auch in der breiteren Öffentlichkeit einen nennenswerten Markt. Die Druckerzeugnisse von Gräzisten und Latinisten sind fast sämtlich staatlich subventionierte Spezialissima von sehr geringer Auflagenhöhe, die in den öffentlichen wissenschaftlichen Bibliotheken und in den Händen einiger Dutzend Rezensenten zu enden pflegen. Das humanistische Gymnasium ist in Auflösung begriffen; unglücklicherweise droht deshalb gerade das eigentlich bildende, das für die Kenntnis der Antike unentbehrliche Fach, das Griechische, zu verschwinden. Das Lateinische hat sich bislang noch einigermaßen behaupten können. Seine Methoden sind indes weithin veraltet, seine Gegenstände – der übliche Lektürekanon – weithin nicht mehr zeitgemäß; die sogenannte Oberstufenreform wird ihm wahrscheinlich eine schwere Krise bereiten. Was das Verhältnis der beiden Institutionen betrifft, die sich der humanistischen Bildung anzunehmen suchen, so herrscht tiefe wechselseitige Entfremdung. Die Gymnasiallehrer nehmen nur geringen Anteil an der von den Universitätslehrern betriebenen Forschung; die Universitätslehrer nehmen kaum Anteil an den praktischen Aufgaben und Nöten des Gymnasiums. Und ein letzter Punkt: Wer setzt fort, was bis vor kurzem ein Schadewaldt, ein Klingner und andere geleistet haben? Es fehlt jetzt in den deutschsprachigen Ländern mehr denn je an lesbaren Büchern, an guten Essays, an geistvollen Rundfunksendungen und Zeitungsartikeln über die Literatur und Kultur der Antike; es fehlt an einer Behandlungsart von Gegenständen der humanistischen Bildung, die ein breiteres Publikum anzusprechen und ihm etwas zu sagen vermag.

Diese äußeren Verhältnisse sind offenbar der Ausdruck starker innerer Gewichtsverlagerungen. Seit dem Ende des Zeitalters der Weltkriege haben sich die Distanzverhältnisse innerhalb der antik-europäischen Vergangenheit gewandelt. Das Paris Ludwigs XIV. und das Weimar Goethes sind näher an das perikleische Athen und an das augusteische Rom herangerückt; das Ganze der europäischen Kultur ist jetzt die „zweite Dimension" Marcuses, der Fundus also, aus dem man Bildung – wirkliche Bildung für den Menschen als Individuum und als Gemeinschaftswesen, nicht eng an bestimmte Zwecke angepflockte Abrichtung für angebliche Bedürfnisse der modernen Industriegesellschaft – schöpfen kann. Ein Selbstbestimmungsmonopol für den Kenner der Antike kommt also nicht mehr in Betracht.

So etwa sind die Bedingungen beschaffen, die der Altphilologe jetzt vorfindet. Aus ihnen folgt, daß er kein Eigenrecht mehr beanspruchen kann, daß er nur noch dann überzeugend zu wirken vermag, wenn er sich all denen anschließt, die sich – als Künstler oder Schriftsteller, als Philosophen, Historiker oder Literaturwissenschaftler – schon lange der Eindimensionalität als dem Signum unserer Wohlstandsgesellschaft entgegenstemmen. Er ist nach wie vor Kenner einer bestimmten und nach wie vor wichtigen Sache – der antiken Sprachen und der antiken Kultur. Er müßte indes diese Sache nicht als der Spezialist zu betreiben suchen, als der er jetzt seiner gesamten Umwelt, und zwar auch der ihm wohlwollenden, der mit ihm die zweite Dimension verteidigenden Umwelt, erscheint. Er müßte die eigene Fremdbestimmtheit durch eine überlebte Tradition durchschauen und seine Bestimmung wieder darin sehen, anderen, zumal den Heranwachsenden, zur Selbstbestimmung zu verhelfen. Er müßte also – im Sinne der Definition, die vorhin von der Selbstbestimmung gegeben wurde – einem unnütz gewordenen Spezialistentum entsagen und sich zu allgemeiner Kommunikation bereit finden. Wie aus dem über die äußeren Verhältnisse der humanistischen Bildung Gesagten hervorgeht, bestehen für den Universitätslehrer der alten Sprachen in drei Richtungen Möglichkeiten zu einer solchen Kommunikation: im Bereich der Universität selbst; im Verhältnis zu den altsprachlichen Fächern des Gymnasiums; gegenüber der Öffentlichkeit. Für den Bereich der Universität lauten die Stichworte ‚interdisziplinäre Lehrveranstaltungen' und ‚interdisziplinäre Forschung'. Bei den altsprachlichen Fächern des Gymnasiums geht es um Mitwirkung bei der Revision der Methoden und Gegenstände; im Augenblick kommt es vor allem darauf an, den Gymnasiallehrern und der Schulverwaltung bei den Plänen und Unterrichtshilfsmitteln für die sogenannten Grund- und Leistungskurse der reformierten Oberstufe zur Seite zu stehen. Die Öffentlichkeit endlich – d. h. ein engerer oder weiterer Kreis denkender Menschen, die keine humanistische Bildung genossen haben – ist dankbar für eine reizvolle, fesselnde oder aufschlußreiche Vermittlung antiker Stoffe; hierunter fallen sowohl Darstellungen von Problemen, die für die Gegenwart von Belang sind, als auch Übersetzungen oder Bearbeitungen wichtiger antiker Texte.

Anmerkungen

[1] W. Jens, Antiquierte Antike? (Sylter Beiträge 1), Münsterdorf 1971.
[2] W. Rüegg, Die Humanismusdiskussion, in: Humanismus (Wege der Forschung 17), hrsg. von H. Oppermann, Darmstadt 1970, S. 310–321. J. Vogt, Wandlungen des Humanismus, in: Gymnasium 74 (1967), S. 393–404.
[3] K. Löwith, Weltgeschichte und Heilsgeschehen, Stuttgart 1953^{6} (Urban-Taschenbücher 2).
[4] Zum Folgenden s. H. Barth, Über die Idee der Selbstentfremdung des Menschen bei Rousseau, in: Zeitschrift für philosophische Forschung 13 (1959), S. 16–35.
[5] Discours sur les sciences et les arts, hrsg. von K. Weigand (Philosophische Bibliothek 243), Hamburg 1971^{2}, S. 10 ff.
[6] Discours sur l'origine etc., ed. cit., S. 212 f.; vgl. S. 228 f.
[7] Ibid., ed. cit., S. 218 ff.
[8] Ibid., ed. cit., S. 88. 264.
[9] Zum Folgenden s. H. Popitz, Der entfremdete Mensch, Frankfurt/M. 1967.
[10] K. Marx–F. Engels, Manifest der kommunistischen Partei, in: Werke, hrsg. von H. J. Lieber u. a., Darmstadt 1971, Bd. 2, S. 843.
[11] Die deutsche Ideologie, ed. cit., Bd. 2, S. 33 f.
[12] Ökonomisch-philosophische Manuskripte, ed. cit., Bd. 1, S. 563.
[13] Ibid., ed. cit., Bd. 1, S. 598. 605.
[14] F. Schiller, Über die ästhetische Erziehung des Menschen, 6. Brief. K. Marx, Ökonomisch-philosophische Manuskripte, ed. cit., Bd. 1, S. 593 f.
[15] Ibid., ed. cit., Bd. 1, S. 564.
[16] Der eindimensionale Mensch (The One-Dimensional Man), Neuwied-Berlin 1967 (Boston, Mass. 1964).
[17] Ed. cit., Bd. 2, S. 78.
[18] Zum Folgenden s. H. Munding, ‚Fremdbestimmung' als Mythos, in: Mitteilungsblatt des Deutschen Altphilologenverbandes 18 (1975), Nr. 1, S. 1–5.
[19] In: Hellas und Hesperien, Zürich-Stuttgart 1970^{2}, Bd. 2, S. 528 ff.
[20] Ibid., Bd. 2, S. 544 ff., bes. 555 und 564.
[21] Zum Folgenden ausführlicher u. S. 46 ff.

Die Fremdbestimmtheit der Klassischen Philologie

Das Fach Klassische Philologie ist im wesentlichen Selbstzweck, nicht Mittel zum Zweck; es läßt sich, auf seine Nützlichkeit hin befragt, kaum besser rechtfertigen als etwa die Theologie. Diese seine Rolle, in gewisser Hinsicht etwas der Theologie Ähnliches zu sein, konnte ihm erst zuwachsen, seit die Möglichkeit vorhanden war, neben oder außerhalb der christlichen Religion absolute Werte zu beanspruchen – also nach der Aufklärung. Die Zäsur, welche die Aufklärung und ihr Geschöpf, die deutsche Klassik, bewirkt haben, ist daher sehr wichtig – so wichtig, daß man behaupten kann, die humanistische Bildung habe das Prestige, dessen sie sich während der bürgerlichen Epoche (in der Zeit von der französischen Revolution bis zu den Weltkriegen) erfreute, überhaupt nur erringen können, weil die schwindende Verbindlichkeit der christlichen Religion gewissermaßen ein Vakuum zurückließ. Wenn man nun der Meinung ist, die Impulse, die von der deutschen Klassik, vom Idealismus ausgingen, hätten für die humanistische Bildung die bis zur Gegenwart hin bestimmende Zäsur herbeigeführt, dann sollte man konsequenterweise auch meinen, daß diese Bildung ein Produkt des 19. Jahrhunderts sei, daß sie als Produkt des 19. Jahrhunderts zwar dem 19. Jahrhundert (und gewissen, stark nationalistisch eingestellten Kreisen der ersten Hälfte des 20. Jahrhunderts) Genüge getan habe, daß sie jedoch der Gegenwart, die sich anschicke, in eine andere Epoche einzutreten, nicht mehr Genüge tun könne.

Die gegenwärtige Krise der altsprachlichen Bildung muß offenbar auf diesen Generalnenner – ihre Bestimmtheit durch Verhältnisse und Antriebe, die nicht mehr die gegenwärtigen sind – zurückgeführt werden; diese Bildung ist deshalb in eine so gefährliche Krise geraten, weil sie sich der Gegenwart in einem veralteten Gewande präsentiert, weil sie zu unfruchtbarem Epigonentum erstarrt ist. Hierbei wird vorausgesetzt, daß mit der altsprachlichen Bildung Wesentliches auf dem Spiele steht (man hat noch kein anderes Instrument entdeckt, das es in gleichem Maße gestattete, die eigene Sprache und die eigene Welt durch das Medium fremder Sprachen und einer fremden Welt zu erschließen) – dieses Wesentliche kommt jedoch im gegenwärtigen Betriebe nicht mehr zum Vorschein, und zwar weder an der Universität noch am Gymnasium.

Die folgenden Darlegungen sollen diese These – die altsprachliche Bildung sei fremdbestimmt, sie sei in ihrer jetzigen Erscheinungsform ein Produkt des 19. Jahrhunderts und müsse, wenn sie an dieser Erscheinungsform festhalte, scheitern – ein wenig erläutern.

1. Die Eigentümlichkeiten der altsprachlichen Bildung

Zunächst zur altsprachlichen Bildung überhaupt, zu ihrer Axiomatik und ihren Methoden. Ich selber habe mich über dieses Thema wiederholt geäußert [1]; auch sonst darf angenommen werden, daß die Eigentümlichkeiten der Fächer Griechisch und Latein hinlänglich bekannt sind. Daher mag hier eine stichwortartige Zusammenfassung genügen.

Sowohl die Klassische Philologie als auch die Schulfächer Griechisch und Latein erhalten dadurch ihr eigentümliches Gepräge, daß sie sich im wesentlichen auf die heidnische Antike beschränken, daß sie innerhalb der heidnischen Antike die klassischen Epochen bevorzugen, daß sie hierbei eine starke Vorliebe für einen Numerus clausus bestimmter Autoren zeigen und daß sie sich in methodischer Hinsicht auf die Interpretation des einzelnen Literaturwerks konzentrieren. Das Ganze ist in eine aufdringliche Atmosphäre des Moralisierens, des Monumentalisierens und des beschönigenden Idealisierens gehüllt, und die Antike wird – zumal an den Gymnasien – trotz besseren Wissens gern als ‚heile Welt' vorgeführt; diese Denkweise hat fast alle gegenwärtig verbreiteten Unterrichtswerke (jedenfalls die lateinischen) mehr oder minder stark geprägt [2]. Bei der Lektüre pflegt eine devote Einstellung gegenüber dem jeweiligen Autor vorzuherrschen, sei es daß die philologischen Präliminarien die Beschäftigung mit der Sache selbst verhindern, sei es daß man der Frage „Und wie stehen wir dazu?" mit Bedacht aus dem Wege geht.

Für alle diese Eigentümlichkeiten der Klassischen Philologie und des Griechisch-Lateinischen lassen sich bestimmte Bedürfnisse, Antriebe oder Interessen des 18. und 19. Jahrhunderts namhaft machen. So sorgte das emanzipatorische Pathos der Aufklärung für jenen antichristlichen Affekt, der den Abbau aller zwischen der heidnischen Antike und der Gegenwart vermittelnden Tradition herbeigeführt, der das von jeglicher ‚fremder' Zutat gereinigte Gebäude der ‚Antike selbst' geschaffen hat, das Universität und Gymnasium bis auf den heutigen Tag zu vermitteln pflegen. Und weiter: Die romantische Volksgeistlehre, die um die Zeit des ersten Weltkrieges in einer Art Neoromantik fröhliche Urständ feierte (hier sei an Oswald Spengler erinnert [3]), diese Lehre sorgte für die schlimmen Abstraktionen des ‚Griechentums' und des ‚Römertums'. Die Genie- und Erlebnisästhetik steuerte die Konzentration auf je einzelne Autoren und Literaturwerke bei; ein falsch verstandener Historismus, eine proteus- oder chamäleonartige Hermeneutik verführten zu der Auffassung, daß das ‚Verstehen' eines Textes mit der Preisgabe des eigenen Standpunktes identisch sei, daß man, um zu verstehen, in die Rolle des Autors hineinschlüpfen müsse. Und schließlich darf angenommen werden, daß die Machtansprüche der großen europäischen Staaten – etwa Deutschlands in der Zeit von Wilhelm II. bis Hitler – der monumentalisierenden Geschichtsbetrachtung, wie sie in der Klassischen Philologie (bisweilen aufdringlicher als in der Alten Geschichte) geherrscht hat, überaus förderlich gewesen sind [4].

Man mag nun zu diesen Dingen stehen, wie man will: Man muß anerkennen, daß die auf solche Weise interpretierte Antike während des 19. und des beginnenden 20. Jahrhunderts ‚Bildung' vermittelt hat, und zwar in zweifacher Hinsicht. Einmal hat die enorme Konzentration auf Gegenstände aus einer fernen Vergangenheit keineswegs verhindert, daß diejenigen, die ihr unterworfen wurden, die Gegenwart in wissenschaftlicher und technischer Hinsicht vorzüglich zu meistern verstanden – vielleicht kann man sogar behaupten, das humanistische Gymnasium des 19. Jahrhunderts sei – wegen seiner inneren Geschlossenheit, wegen der formalen Disziplin, die dort vermittelt wurde – dem Aufstieg der deutschen Wissenschaft und der deutschen Industrie überaus förderlich gewesen. Zum anderen waren Kenntnis der Antike und Bildung weithin identisch, und der Antike entnahm die gesamte Oberschicht Europas die Begriffe und Formeln, die exemplarischen Situationen und Figuren, die eigene Wirklichkeit zu deuten und sich über sie mitzuteilen [5] – daß diese Beschäftigung mit der Antike einen stark affirmativen Charakter hatte, daß sie vornehmlich der Bestätigung der eigenen Auffassungen diente, war durch die Haltung einer Epoche bedingt, die, selbstgewiß und bis zum ersten Weltkrieg auch überaus erfolgreich, des Nachdenkens über die Grundlagen, die uneingestandenen Prämissen überhoben zu sein glaubte. Jedenfalls kann man, wenn man die zugespitzte, hyperbolische Devise von der ‚Selbstbestimmung des Menschen', von der ‚freien Entfaltung seiner Anlagen und Kräfte', wie sie die humanistische Programmatik von Rousseau bis Marcuse durchzieht, wenn man diese Devise auf ein realistisches, der unvermeidlichen Erdenschwere alles Menschlichen Rechnung tragendes Maß reduziert [6], durchaus behaupten – ohne sich einer groben Übertreibung schuldig zu machen –, daß die humanistische Bildung im 19. Jahrhundert demjenigen, der sie empfangen hatte, zur ‚Selbstbestimmung', zur Bestimmung seines Standorts verholfen hat.

Inzwischen hat eine neue Epoche begonnen. Man weiß noch nicht, wohin sie strebt – wir stehen noch mitten im Übergang. Jedenfalls sind jetzt zahlreiche Voraussetzungen der bürgerlichen, der nationalistischen Epoche fortgefallen, und viele Perspektiven haben sich stark verändert. So erklärt sich, daß sich die humanistische Bildung in ihrer Starrheit und Beharrlichkeit nunmehr wie ein Relikt eines vergangenen Zeitalters ausnimmt. Zunächst haben sich innerhalb der philologisch-historischen Disziplinen die Gewichte verschoben. Die neuen Philologien haben seit dem Beginn dieses Jahrhunderts stetig an Leistung und Prestige zugenommen; sie haben als Wissenschaften, als methodisch kontrollierte und stets über die eigenen Prämissen reflektierende Beschäftigung mit Texten die Klassische Philologie überflügelt. Ferner haben sich – der Aufstieg der neuen Philologien ist hierfür sowohl eine Ursache als auch ein Symptom – die Distanzverhältnisse innerhalb der antik-europäischen Vergangenheit gewandelt. Das Paris Ludwigs XIV. und das Weimar Goethes sind näher an das perikleische Athen und an das augusteische Rom herangerückt; ein Bildungsmonopol für den Kenner der Antike kommt nicht mehr in Betracht; das Ganze der europäischen Kultur ist jetzt der Fundus, aus dem man Bildung schöpfen kann. Drittens hat die Gegenwart nicht nur andere Probleme als das 19. Jahrhundert; sie pflegt den Erscheinungen der Vergangenheit auch in anderer Haltung entgegenzutreten als frühere Generationen. Sie ist minder respektvoll, aber auch minder fixiert in ihrem Urteil; sie kann nicht sogleich preisen, sondern möchte zunächst einmal prüfen; es genügt ihr nicht zu betrachten, sie will wissen, was die Beschäftigung mit Vergangenem ihr selbst einbringt.

Die Klassische Philologie und die Schulfächer Griechisch und Latein sollten sich dieser neuen Lage anbequemen, sie hätten sich ihr längst anbequemen sollen. Aus dem Primat der neuen Philologien folgt, daß sie von den neuen Philologien lernen, daß sie der einseitigen Übung des Interpretierens von einzelnen Literaturwerken entsagen und sich jene Vielfalt von Methoden und Perspektiven zu eigen machen müssen, welche die neuen Philologien im letzten halben Jahrhundert erarbeitet haben. Aus den veränderten Distanzverhältnissen folgt, daß die Klassische Philologie nicht mehr Zentrum ist, sondern nur noch Zubehör, kein Ganzes mehr, sondern nur noch ein Teil. Sie muß also im größeren Ganzen aller philologisch-historischen Disziplinen aufgehen, muß sich zur Geschichte und zu den neuen Philologien hin öffnen. Sie kann dieser Forderung genügen, wenn sie die Kompetenz voll ausnutzt, die sich aus den durch sie vermittelten Sprachen ergibt, d.h. wenn sie (dies gilt vor allem für das Lateinische) die Spätantike, das Mittelalter und die frühe Neuzeit – die Epochen also, in die sie sich mit der mittleren und neueren Geschichte sowie mit den neuen Philologien teilt – in ihren Aufgabenbereich einbezieht und wenn sie außerdem (dies gilt für Griechisch und Latein) auf die Rezeption der Antike bis zur Gegenwart ein entschiedeneres Augenmerk richtet als bisher. Aus den veränderten Problemen und der veränderten Einstellung der Gegenwart schließlich folgt, daß die Klassische Philologie eine größere Zahl neuer, aus der Gegenwart erwachsender Fragen an die griechischen und lateinischen Texte stellen müßte – nur so könnten die griechischen und lateinischen Texte wieder mehr (wenn auch niemals in demselben Umfange wie einst während des 19. Jahrhunderts) als Gegenwelt dienen, welche gleichwohl zum ständigen Bezug auf die eigene Welt herausfordert. Daß solche Fragen in Fülle vorhanden sind und daß die griechischen und lateinischen Texte Antworten darauf zu geben vermögen, läßt sich nicht ernstlich bezweifeln. Das 19. Jahrhundert hat aus dem breiten Strome der Überlieferung streng das ihm Gemäße ausgewählt; es obläge der Gegenwart, nicht einfach an der Auswahl des 19. Jahrhunderts festzuhalten, sondern ihrerseits die gesamte Überlieferung nach dem ihr Gemäßem zu durchsuchen. Diese aus der Gegenwart erwachsenden Probleme müßten explizit einmal als Probleme, zum anderen in ihrem Gegenwartsbezug behandelt werden – nicht der Autor oder das Werk, sondern die Sache, das Thema ist die maßgebliche Instanz, und die Frage „Wie stehe ich, wie steht die heutige Zeit dazu?" darf nicht ausgeklammert werden, mag nun die Bilanz auf einen Kontrast oder eine Analogie hinauslaufen.

Die Fremdbestimmtheit der altsprachlichen Bildung ist nahezu total: Sie erstreckt sich von den Themen der Vorlesungen und Seminare an den Universitäten bis zum Lektürekanon und zum sprachlichen Elementarunterricht an den Gymnasien. Hierbei muß freilich – wie mir erst nach längeren Überlegungen deutlich geworden ist und ich im Unterschied zu meinen früheren Publikationen betonen möchte – zwischen dem Griechischen und Lateinischen unterschieden werden. Dem Griechischen hat die deutsche Klassik überhaupt erst wieder einige Verbreitung verschafft. Was da verbreitet wurde und noch wird, trägt allerdings in mancher Hinsicht den Stempel idealistisch-klassizistischer Einseitigkeit. Man beschränkte sich auf die Klassiker von Homer bis Demosthenes; man mied den Hellenismus, die Kaiserzeit, die christliche Literatur. Und innerhalb der Klassik pries man Platon, schmähte man alles ‚Sophistische', ignorierte man Aristoteles, zog man Aischylos und Sophokles dem ‚zersetzenden' Euripides vor. Gleichwohl: Eine analoge Forderung, wie ich sie für das Lateinische zu erheben nicht müde werde, möchte ich an die Adresse der Gräzisten nicht richten. Hier stimmt die Begrenzung auf die Zeit bis Alexander; hier kann und soll man von den nachklassischen Epochen (die hellenistische Philosophie ausgenommen) im wesentlichen absehen – die klassizistische Literatur und zumal die Kultur von Byzanz stehen uns viel ferner als die

gesamte lateinische Tradition des Westens von der Spätantike bis zum italienischen Humanismus. Innerhalb der Klassik jedoch können und sollen die Gewichte in dem angedeuteten Sinne anders verteilt werden – nicht überall (Homer und Herodot sind gleichsam krisenfest, und auch ein minder idealistischer Kanon kann weder von Sophokles noch von Platon absehen), wohl aber in manchem Detail: Xenophons Anabasis ist eine recht problematische Anfangslektüre[7]; gegen Euripides und die Sophistik läßt sich – bei richtiger Behandlung – rein gar nichts einwenden; auf dem Gebiet der Rhetorik, der formalen Kunst der Meinungsmanipulation, ruhen ungehobene Schätze von großem pädagogischen Wert.
Das Griechische ruhte und ruht noch stets auf dem Sockel des Lateinischen, und gerade dieser Sockel hat sich vom 18. zum 19. Jahrhundert fundamental gewandelt, und gerade dieser Wandel bewirkte, daß die gesamte Antike für den unvoreingenommenen heutigen Betrachter in unerreichbare Fernen gerückt ist. Man sagt gern, der Ciceronianismus der italienischen Humanisten habe die lebendige Entwicklung des Lateinischen abgeschnitten. Dieses Urteil ist aus mehrerlei Gründen überspitzt. Man muß insbesondere bedenken, daß die Humanisten des 15., 16. und 17. Jahrhunderts ihrerseits ein breites Stratum poetischer und prosaischer Werke aller Gattungen geschaffen haben; die neulateinische Literatur war noch einmal eine gesamteuropäische Angelegenheit[8]. Ein erheblicher Teil dieser Literatur, die auf den Schulen mit Eifer gelesen und, soweit es sich um Dramen handelte, aufgeführt wurde, behandelte im Gewande der fremden Sprache die Probleme der eigenen Wirklichkeit; so war dafür gesorgt, daß das Lateinische einige Lebensnähe behielt und das lernende Kind das Gefühl hatte, mit einer wirklichen Sprache umzugehen – ehe ihm zugemutet wurde, sich über Jahrtausende hinweg in eine ferne Vergangenheit zu versetzen. Eben hier hat sich zwischen Aufklärung und Restauration ein radikaler Wandel vollzogen. Die neulateinische Literatur erstarb und verschwand aus den Lehrplänen; alles Christliche wurde getilgt, und im Bereich der heidnischen Schriftsteller mußte ein Terenz dem Gallischen Kriege Cäsars weichen[9]. Die moralistische Geschichtsschreibung, der wirklichkeitsblinde Idealismus Ciceros und das heroische Pathos Vergils gewannen immer mehr die Oberhand – eine Entwicklung, die bis in die jüngste Zeit fortgedauert hat. Dem 19. Jahrhundert, den konservativen und nationalistischen Kräften des 20. Jahrhunderts war diese Auswahl angemessen. Man vermochte sich mit dem Ausgewählten zu identifizieren; man hatte die Überzeugung ‚nostra res agitur', und die Antike diente auch in dieser Zubereitung noch einmal als Modell, als eine Art anderer Dimension, die sich auf die eigene Dimension beziehen ließ. Doch die von anderen Sorgen geplagte und von anderen Sehnsüchten erfüllte Gegenwart steht

hilflos vor dem starren Monument römischer Größe, welches das bürgerliche Zeitalter errichtet hat, und sie ist eher geneigt, auf das Lateinische, auf die alten Sprachen überhaupt zu verzichten, als sich noch länger mit etwas herumzuschlagen, was ihr nicht mehr als eine andere, sondern schlechthin als fremde, als unverständliche Dimension erscheint.

Eine Gegenüberstellung des Lateinischen und des Griechischen ergibt etwa folgendes Fazit. Ein Grundbestand von Forderungen gilt für beide Disziplinen: Die Methoden der modernen Literaturwissenschaft harren hier wie dort gebieterisch der Übernahme, und hier wie dort muß die Rezeption des antiken Substrats durch die Neuzeit (und nicht nur die affirmative Rezeption der deutschen Klassik, sondern auch die kritische und negative der Moderne) in die Betrachtung einbezogen werden, sie muß jedenfalls dem Lehrenden als Hintergrund gegenwärtig sein. Drittens gilt das Postulat der problemorientierten, gegenwartsbezogenen Stoffdarbietung sowohl für den Latein- als auch für den Griechischunterricht. Hinsichtlich der zeitlichen Begrenzung aber scheint mir ein erheblicher Unterschied zwischen dem Griechischen und dem Lateinischen zu bestehen, und ich messe diesem Unterschied so viel Gewicht bei, daß ich – den gegenwärtigen Symptomen zum Trotz – nicht die Gräzistik, sondern die Latinistik für den eigentlichen Patienten der altsprachlichen Bildung halte. Die Gräzistik ist von Hause aus – seit der alexandrinischen Philologie – das Fach der griechischen Klassik. Die Latinistik war von Hause aus – seit der Spätantike – das Fach der europäischen Tradition[10]; sie hat sich erst im Laufe des 19. Jahrhunderts – aus Eifersucht auf die erfolgreichere, angesehenere Schwesterdisziplin – durch die rigorose Beschränkung auf die Zeit von Cicero bis Tacitus zu einer Gräzistik in lateinischem Gewande emporstilisiert. Und wenn heute mit Recht gefragt wird, wie man denn die fatale Ähnlichkeit der beiden Disziplinen rückgängig machen könne, so muß die Antwort, was den Horizont der Lektüre angeht, lauten: dadurch, daß die Latinistik aufhört, die Gräzistik zu kopieren, daß sie sich auf ihre eigene, ihre ihr von der Sache vorgeschriebene Kompetenz besinnt – bekanntlich haben sich nicht nur Cicero und Tacitus, sondern auch Augustin, Thomas von Aquin und Erasmus des Lateinischen bedient.

2. Der gymnasiale Lateinunterricht

Bislang wurde nicht zwischen Universität und Gymnasium unterschieden – nunmehr, in einem zweiten, kürzeren Abschnitt ein paar Bemerkungen zum gymnasialen Unterricht. Ich beschränke mich hierbei auf das Lateinische. Diese Beschränkung hat sachliche Gründe. Die humanistische Bildungstradition steht und fällt mit dem Lateinischen, mit der Art und Weise, in der sich das Gymnasium des Lateinischen annimmt. Diese Beschränkung hat jedoch auch persönliche Gründe: Ich habe mich hinlänglich mit den lateinischen Unterrichtswerken und Lesebüchern sowie mit der einschlägigen didaktischen Literatur beschäftigt; im Griechischen hingegen geht mir eine vergleichbare Kennerschaft ab.

Das 19. Jahrhundert hat im Lateinunterricht gleichsam eine Stufenpyramide hinterlassen. Den Sockel, die unteren Stufen dieser Pyramide nimmt der auf die Schriftstellerlektüre vorbereitende Sprachunterricht ein[11]. Alles ist säuberlich geschieden und geordnet. Zunächst, auf der untersten Stufe, werden das Nomen und die sogenannten regelmäßigen Verben behandelt; dann folgen auf der zweiten Stufe die unregelmäßigen Verben und auf der dritten die Syntax. Auf jeder Stufe herrscht ohne Erbarmen das Prinzip der Vollständigkeit. Das Kind muß lernen, daß *humus* ein Femininum und *vulgus* ein Neutrum ist usw. Außerdem erhält jede Differenz zwischen der deutschen und der lateinischen Syntax ein Schubfach in einem ausgeklügelten, weithin um seiner selbst willen vermittelten System. Das Kind erfährt vom Genitivus subiectivus, obiectivus, possessivus, partitivus usw., vom Ablativus instrumentalis, sociativus, causae, separativus usw., obwohl es doch der einschlägigen Schwierigkeiten im allgemeinen Herr werden kann, wenn es nur weiß, daß im Deutschen dem lateinischen Ablativ fast immer und dem lateinischen Genitiv sehr oft ein präpositionaler Ausdruck entspricht. Die mit solcher Gründlichkeit betriebene etwa dreijährige Mühe des Sprachdrills wird endlich vom Lohn der Lektüre abgelöst; man widmet sich den bekannten, sorgsam nach dem Grad ihrer Schwierigkeit arrangierten Schulautoren. Hier herrscht freilich ein empfindlicher Mangel an eigentlich leichten, eingängigen Texten (auch Cäsar gehört dem Inhalt nach nicht zu dieser Kategorie); der aus dem 19. Jahrhundert überkommene Kanon enthält gerade die schwierigsten, die kunstvollsten, die der alltäglichen Sprache am weitesten entrückten Werke.

Für die Methode gilt dasselbe wie für die Ideologie. Sie war dem 19. Jahrhundert gemäß. Man gebot über einen Zeitraum von neun Jahren und innerhalb dieser neun Jahre über neun bis zehn Wochenstunden. Das Kind begann im besten Lernalter, und der Sprachdrill war abgeschlossen, ehe die Pubertät einsetzte; dann aber konnte man sich noch sechs Jahre lang intensiv den Schriftstellern widmen. Unter diesen Voraussetzungen war die strenge Trennung von Sprachdrill und Lektüre gerechtfertigt oder zumindest erträglich; es ging an, daß man das Kind wie einen Computer behandelte, d.h. daß man zunächst rigoros sämtliche Vokabeln, Formen,

Regeln, Ausnahmen und Ausnahmen der Ausnahmen in ihm ‚speicherte', ohne zu berücksichtigen, ob diese Daten oft und schon bei der ersten Lektüre oder selten und erst nach Jahren benötigt würden. Seit dem Ende des 19. Jahrhunderts haben sich jedoch diese Verhältnisse langsam, aber konsequent verändert. Die Zahl der Wochenstunden ist auf die Hälfte zusammengeschrumpft, und nur noch eine kleine Minderheit erlernt das Lateinische als erste Fremdsprache. Es gibt jetzt neben dem neun- auch sieben- und fünf-, ja dreijähriges Latein, und der Sprachdrill fällt meist in die Zeit der Pubertät. Man hat gleichwohl bis auf den heutigen Tag an dem überkommenen System, an der Trennung von Sprachunterricht und Lektüre, an der klassifizierenden Grammatik usw. festgehalten; man hat lediglich bald hier, bald dort gekürzt und an Kleinigkeiten gebessert; man suchte vor allem den Sprachunterricht zu ‚retten' und nahm paradoxerweise am ehesten im Bereich der Lektüre Einbußen in Kauf. So gleicht, was jetzt noch übrig ist, weithin einem Torso, der weder Lehrer noch Schüler befriedigt und sich im Grunde selbst widerlegt.

Es liegt auf der Hand, daß man mit dem bisherigen Stückwerk notdürftigen Anpassens aufhören, daß man das alte Konzept durch ein gänzlich neues ersetzen muß. Das Problem hat eine sachliche und eine sprachliche Seite. Die sachliche Seite ist identisch mit dem Lektürekanon; im Bereich des Sprachlichen aber sollte man sich von einigen fundamentalen Prinzipien leiten lassen; man sollte z. B. stets das Kriterium der statistischen Häufigkeit anwenden und überhaupt nur denjenigen syntaktischen Erscheinungen erhebliche Aufmerksamkeit widmen, die sich beim Vergleich mit der Muttersprache nicht von selbst verstehen. Man muß vom Lektürekanon ausgehen, da sich nach ihm bemißt, was häufig vorkommt und was nicht. Zu diesem Problem hat sich vor einigen Jahren der Latinist Ludwig ausführlich geäußert [12]; er hat gefordert, daß man von der jetzt vorherrschenden moralisch-patriotischen Tendenz abrücke, daß man zumal die Historiker, insbesondere Cäsar und Livius beschneide und statt dessen Autoren wie Terenz und Ovid (warum die „Amores" noch stets auf dem Index stünden, fragt Ludwig mit Recht) stärker in Betracht ziehe. Diese Forderungen können hier nur wiederholt, ja sie müssen sogar erheblich verschärft werden. Denn auch die Vorschläge Ludwigs gehen über den Kreis der antiken Autoren nicht hinaus; sie nennen keine wirklich leichten Texte, mit denen sich praktizieren ließe, was überaus wünschbar wäre: daß die Zweiteilung von Sprachunterricht und Lektüre aufgegeben wird, daß sich beides wechselseitig durchdringt [13] und daß man sich während der ersten Jahre mit der fremden Sprache begnügt und nicht auch in fremde Sachen einzuführen sucht. Man muß demnach auf die pädagogische Tradition zurückgreifen, die vom 19. Jahrhundert unterbrochen wurde;

man muß der Erfahrungswelt des täglichen Lebens und der fiktiven Welt der Phantasie mehr Raum gewähren und all die Fabeln und Parabeln, die Schnurren und Schwänke, die Novellen und Dialoge wieder hervorholen, die der asketische Ernst des bürgerlichen Zeitalters aus der Schulstube verbannt hat [14]. Ein solcher Lateinunterricht entspräche den Forderungen, die vorhin für den gesamten altsprachlichen Betrieb an Universität und Gymnasium formuliert wurden (dieser Betrieb solle im größeren Ganzen aller philologisch-historischen Disziplinen aufgehen): Er könnte die Vorstellung vermitteln, daß das Lateinische nicht nur das ferne Römerreich, sondern auch das europäische Mittelalter, ja die europäische Kultur überhaupt zu erschließen vermag [15].

3. Das Verhältnis zwischen Universitäts- und Gymnasiallehrern

Nun ein dritter und letzter Aspekt – wenn irgendwo, dann ist bei ihm der Ausdruck ‚Fremdbestimmtheit' am Platze. Er betrifft das Verhältnis der beiden Institutionen, die von Amts wegen die humanistische Bildung zu propagieren suchen: das Verhältnis von Universität und Gymnasium. Hier hat das 19. Jahrhundert eine rigorose Trennung der Kompetenzen, eine strenge Hierarchie der Berufe etabliert. Der Universitätslehrer, so lautet die Devise, habe sich vor allem der Wissenschaft, der Forschung anzunehmen; der Gymnasiallehrer aber gebe die Resultate dieser Forschung in gehöriger pädagogischer Zubereitung an die Jugend weiter. Diese Maxime hat zwei scharf geschiedene Lebenssphären entstehen lassen – zumal in Deutschland, wo man sie besonders konsequent angewandt hat. Die negativen Folgen lassen sich leicht nennen: Es gibt bis in die Ressorts der Kultusministerien zwei wechselseitig voneinander unabhängige Systeme ohne jede institutionelle Verzahnung; der Universitätslehrer kann nicht auf die Personalpolitik der Schulbehörden, der Gymnasiallehrer nicht auf die Personalpolitik der Universitäten einwirken; der Universitätslehrer hat keinen Einfluß auf die Stoffe und Lehrmittel des Gymnasiums, der Gymnasiallehrer keinen Einfluß auf die Art, in der sein eigener Nachwuchs ausgebildet wird usw. Das Schlimmste bei alledem ist, daß es keinerlei institutionell bedingte gemeinsame Arbeit gibt, die doch am ehesten zu gegenseitiger Kenntnis und Achtung führen könnte. Man braucht nur zuzuschauen, wie unsicher und steif Universitäts- und Gymnasiallehrer auf Tagungen und bei sonstigen Gelegenheiten miteinander umgehen, man braucht nur festzustellen, wie wenig im allgemeinen der eine von den

Freuden und Nöten des anderen weiß, und der Schluß drängt sich auf, daß im Bereich unseres Faches nicht nur die Institutionen, sondern meist auch die dazugehörigen Personen einander tief entfremdet sind.

Nun pflegt der Universitätslehrer auch heute noch nicht unter den institutionellen Schranken seiner Sphäre zu leiden – im Gegenteil, er hält für eine Tugend seines Berufs, was eine Not sein sollte. Posten im Freiraum der sogenannten Wissenschaft sind nach wie vor begehrt, und noch nie haben sich so viele Motten an das vermeintliche Licht gedrängt wie gegenwärtig. Neue Universitäten wurden gegründet, die Lehrstühle und Assistentenstellen vermehrt, der ‚Mittelbau' eingerichtet. Und alle diese Adepten unseres Faches gehen auf im Betriebe der ‚Wissenschaft': Sie lesen und schreiben und kennen nichts Wichtigeres als die Erstellung einer möglichst umfänglichen Liste von Druckerzeugnissen. Hierbei entgeht ihnen freilich, oder sie übersehen geflissentlich, daß der institutionellen Trennung des 19. Jahrhunderts (hie Wissenschaft, hie pädagogische Vermittlung) im 20. Jahrhundert eine faktische Trennung, ein Desengagement des Gymnasiallehrers von der Wissenschaft gefolgt ist. Dieser Prozeß wurde sicherlich nicht wenig durch Institutionen wie die Deutsche Forschungsgemeinschaft gefördert, durch jene wohlgemeinten Einrichtungen also, die u.a. für wissenschaftliche Publikationen staatliche Zuschüsse bereitstellen. Sie haben sowohl die Forscher als auch die Verlage der Rücksicht auf den Markt überhoben, d.h. der Rücksicht auf ein breiteres, gebildetes Publikum und auf die Kollegen an Gymnasien. Das Zusammenwirken von Wissenschaftsgläubigkeit und finanzieller Hilfe hat so jene fatale Entwicklung ermöglicht, deren Ergebnis allgemein bekannt ist. Die Universität als Stätte der Forschung findet weithin an sich selbst Genüge; sie produziert größtenteils Spezialissima, die für das breitere Publikum ungenießbar und für den Gymnasiallehrer ebenso wertlos wie unerschwinglich sind.

Die Trennung von Universität und Gymnasium, von Wissenschaft und pädagogischer Vermittlung ist im 19. Jahrhundert keine Ideologie gewesen. Die damaligen Gelehrten waren – jedenfalls zum Teil – imstande, für ein breiteres Publikum zu schreiben, und sie schrieben mitunter auch für dieses breitere Publikum, und vor allem: Die Erträgnisse ihrer Forscherarbeit wurden von den Gymnasiallehrern gekauft, gelesen und verwendet, ja die Gymnasiallehrer hatten selbst – u.a. durch die Schulprogramme – einen erheblichen Anteil an der Forschung. Die Trennung von Universität und Gymnasium ist indes mittlerweile zur Ideologie geworden. Denn wenn die gegenwärtige altsprachliche Bildung noch irgend etwas mit Humanismus gemein haben soll, dann läßt sich nicht ernstlich bezweifeln, daß auch der altsprachliche Universitätslehrer in letzter Instanz nichts anderes als – Lehrer ist, daß er nicht narzißhaft an sich selbst Genüge finden, daß er vielmehr lehren, bilden, wirken soll, und zwar weit über den engen Kreis der eigenen Studenten, des eigenen Nachwuchses hinaus; er darf nicht einem übel angebrachten Szientismus huldigen, darf nicht meinen, seine Wissenschaft sei Selbstzweck, während sie doch in Wahrheit nur das Instrument, die dienende Kontrollinstanz bei dem unaufhörlichen Bemühen ist, Wissen des Menschen von sich selbst neu zu durchdenken und weiterzugeben.

Der Universitätslehrer müßte also unter den institutionellen und faktischen Schranken seiner Wirkungssphäre, kurz unter seiner Fremdbestimmtheit leiden, er müßte sich dem Druck von Postulaten widersetzen, die der Vergangenheit angehören. Die Gegenwart verlangt anderes von ihm – jedenfalls in erster Instanz. Man blicke auf die angelsächsischen Länder, auf Frankreich oder Italien. Dort werden nicht nur schwergepanzerte Detailuntersuchungen verfaßt; dort existiert eine Fülle von flüssig geschriebenen, lesbaren Büchern über wichtige Gegenstände unseres Faches, über Epochen, Gattungen, einzelne Persönlichkeiten. In Deutschland herrscht jetzt auf diesem Gebiet nahezu tabula rasa: Wie dünn gesät sind hier die Altphilologen, die mit Geist und Witz und stilistischer Verve, die zugleich klar und zuchtvoll Interessantes und Bedeutendes mitzuteilen wüßten. Und es fehlt nicht nur an Büchern: Auch die Zahl der guten Essayisten ist klein geworden, die Zahl der Verfasser von Rundfunksendungen und Zeitungsartikeln. Das breitere Publikum hat in Deutschland kaum noch Möglichkeiten, sich über die Gegenstände der altsprachlichen Bildung zu unterrichten – kein Wunder also, daß von Nichtaltphilologen häufig nicht verstanden wird, weshalb die Altphilologen so sehr an ihrem Berufe hängen, weshalb sie so viel Wesens daraus machen, daß man jetzt am Gymnasium die alten Sprachen zurückzudrängen oder zu beseitigen sucht. Hier können freilich nicht Tage oder Jahre heilen, was Jahrzehnte angerichtet haben; es gibt kaum noch einen Markt und kaum noch Verleger, die das Wagnis auf sich nehmen. Und vor allem: Es fehlt offenbar nicht nur am guten Willen, sondern auch an der Fähigkeit – wer hätte denn noch die Souveränität und den Reflexionshorizont, Modelle vorzuführen oder Probleme zu erörtern, die dem modernen Leser wirklich auf den Leib geschneidert sind, die ihn ansprechen und ihm etwas sagen?

Außer solcher Öffentlichkeitsarbeit – einer Tätigkeit, die wirklich durchschlagen müßte – verlangt die Gegenwart vom Universitätslehrer in erster Instanz die Zusammenarbeit mit den Kollegen vom Gymnasium. Diese Forderung ist schon von anderen vorgebracht worden; man hat jetzt allerlei Appelle an die Beteiligten gerichtet[16]. Ob man sich hierbei über die Widerspenstigkeit der Verhältnisse in vollem Maße Rechenschaft abgelegt hat? Denn die Trennung der Institutionen hat ja bewirkt (ein zumal von den

Gymnasiallehrern viel zu wenig beachtetes Faktum), daß der Universitätslehrer dem gesamten Schulwesen in völliger Ohnmacht gegenübersteht – ihm wird oft nicht einmal mitgeteilt, was sich in seiner Umgebung vollzieht, vom Gymnasium nicht, vom Oberschulamt nicht und noch weniger vom Kultusministerium, und noch seltener holt man seinen Rat ein, etwa bei der Genehmigung neuer Lehrmittel oder bei Curriculumprojekten. Hier bedarf es also nicht nur allgemeiner Appelle, sondern auch vieler einzelner Initiativen, das Nebeneinander der Institutionen zu überwinden.

Anmerkungen

[1] M. Fuhrmann, Die Antike und ihre Vermittler (Konstanzer Universitätsreden 9), Konstanz 1969. M. Fuhrmann – H. Tränkle, Wie klassisch ist die klassische Antike? (Schriften zur Zeit 35), Zürich–Stuttgart 1970.

[2] Erst die jüngsten Lehrbücher haben sich hiervon mit Entschiedenheit befreit; so z. B. Cursus Latinus, hrsg. von K. Bayer, Bamberg–München 1972 ff., und redde rationem, hrsg. von J. Malms, Stuttgart 1973 ff.

[3] S. hierzu J. Huizinga, Twee worstelaars met den engel (Rezension von O. Spengler, Der Untergang des Abendlandes), Verzamelde Werken, Bd. 4: Cultuurgeschiedenis II, Haarlem 1949, S. 441–496.

[4] Eine im Druck befindliche Konstanzer Dissertation von G. Müller, Die lateinischen Unterrichtswerke des 19. Jahrhunderts, hat diese Annahme weithin bestätigt.

[5] Vgl. hierzu W. Jens, Antiquierte Antike? (Sylter Beiträge 1), Münsterdorf 1971, S. 7 ff.

[6] S. hierzu o. S. 31.

[7] S. hierzu H. Erbse, Xenophons Anabasis, in: Gymnasium 73 (1966), S. 485–505.

[8] S. P. van Tieghem, La littérature latine de la Renaissance – Étude d'histoire littéraire européenne, Paris 1944 (Nachdruck Genf, o. J.). Vgl. zum Folgenden u. S. 89 ff.

[9] S. E. Happ, Terenz statt Caesar als Anfangslektüre, in: Probata – Probanda (Dialog Schule und Wissenschaft 7), München 1974, S. 168 ff.

[10] Als Beweis können die Verzeichnisse musterhafter Autoren dienen, die bis zum 18. Jahrhundert im Schwange waren; s. hierzu u. S. 71 f.

[11] Die jüngsten Lehrbücher suchen das hier überscharf gezeichnete System aufzulockern und zu vereinfachen – wahrscheinlich noch nicht entschieden genug. Vgl. J. Klowski, Die Übergangslektüre – Didaktische Überlegungen, in: Der altsprachliche Unterricht 18,5 (1975), S. 5.

[12] W. Ludwig, Die lateinischen Schulautoren, in: Mitteilungsblatt des Deutschen Altphilologenverbandes 12 (1968), Nr. 1, S. 1–12.

[13] Vgl. hierzu G. Fink, Kleine Gattungen als Begleitlektüre, in: Der altsprachliche Unterricht 18,5 (1975), S. 13 ff.

[14] S. u. S. 87 ff.

[15] S. hierüber u. S. 68 ff.

[16] S. z. B. die Empfehlungen der Mommsen-Gesellschaft und des Deutschen Altphilologenverbandes, in: Mitteilungsblatt des Deutschen Altphilologenverbandes 15 (1972), Nr. 4, S. 1–8.

Die Klassische Philologie und die moderne Literaturwissenschaft

Der Altphilologe Uvo Hölscher veröffentlichte vor einigen Jahren ein Büchlein; er gab ihm den Titel „Die Chance des Unbehagens“ [1]. Unbehagen an der gegenwärtigen Altphilologie oder, wie sie mit offiziellem Anspruch heißt, an der Klassischen Philologie, findet sich auch sonst. Die Monatsschrift „Wort und Wahrheit“ legte im Jahre 1964 die Ergebnisse einer Enquete vor [2]. Man hatte etwa 100 Persönlichkeiten des öffentlichen Lebens – Kulturfunktionäre, Universitätsprofessoren, Pädagogen, Schriftsteller und andere – gebeten, sich zu der Frage „Abschied von der Antike?“ zu äußern, oder positiv gewendet: ob im geistigen Erbe der Antike noch heute gültige Werte enthalten seien, so daß deren lebendige Überlieferung auch für unsere Zivilisation unerläßlich bleibe (so die Formulierung der Redaktion von „Wort und Wahrheit“). Das Resultat der Enquete läßt sich kurz und bündig so zusammenfassen: Die Antike selbst ist vielleicht weder unnütz noch langweilig, aber die Art und Weise, in der sie noch stets an den Universitäten und Schulen präsentiert wird, gibt in beträchtlichem Maße Anlaß zu Bedenken. Also nicht die Sache wird attackiert, sondern der gegenwärtig übliche Modus der Darbietung.

In diese Kerbe wollen auch die folgenden Bemerkungen schlagen, die sich teils um eine Analyse des Vorhandenen, teils um die Formulierung einiger Postulate bemühen. Nun stecken schon in einem derartigen Ausgangspunkt einige Implikationen, und es empfiehlt sich um so mehr, diese Implikationen von vorneherein zu verdeutlichen und sie nicht dem Mutmaßen der Zuhörer zu überlassen, als sich heutzutage, während eines Krisen- und Übergangszeitalters par excellence, in jeglichem nichtesoterischen Auditorium eine große Vielfalt der Reflexionsebenen zusammenzufinden pflegt.

– Für die Perspektive des Faches sei vorausgeschickt, daß diese Skizze nicht auf das zielt, was die Klassische Philologie *tut* (hierunter findet sich unleugbar vieles Gute), sondern auf das, was sie *nicht* tut. Demnach ist kein Forschungsbericht, keine Rechenschaft über das Geleistete intendiert, sondern eine erste Antwort auf die Frage: „Was können wir besser machen?“ Überdies soll keine ausgewogene wissenschaftliche Untersuchung vorgetragen werden, sondern ein Appell; dieser Appell unterliegt gewiß bestimmten Plausibilitätserfordernissen, nicht aber der Stringenz des wissenschaftlichen Beweises – für den wissenschaftlichen Beweis fehlt die unabdingbare historische Distanz.

- Für die weitere Perspektive der in der Philosophischen Fakultät vereinigten Fächer sei vorausgeschickt, daß diese Skizze sowohl in ihren deskriptiven als auch in ihren programmatischen Teilen die ‚moderne Literaturwissenschaft', d. h. die neueren Philologien, als Maßstab zu verwenden gedenkt. Nun sind freilich auch die neueren Philologien durchaus keine Musterknaben; ein gut Teil ihrer Betriebsamkeit wurzelt ebenso tief im 19. Jahrhundert wie die antiquarischen Neigungen der Altphilologie. Immerhin machen sich in den neueren Philologien neue Tendenzen geltend, in der Altphilologie hingegen nicht oder nur in sehr geringem Maße. Als Kriterium dienen also nicht die neueren Philologien schlechthin, sondern deren moderne, zukunftsträchtige Impulse. Gewiß könnte jeder Neuphilologe für sein Fach eine ähnliche Rechnung aufmachen, wie sie hier für die Altphilologie aufgemacht wird; eine derartige Kritik fände jedoch die Prämissen bereits im eigenen Hause vor, während sich die Kritik des Altphilologen ganz und gar auf Anleihen bei den Nachbarn verwiesen sieht.
- Seit einigen Jahren existiert innerhalb und außerhalb der Universität noch eine andere, viel weitere Perspektive, die Perspektive derer, die nicht nur jede Beschäftigung mit den sogenannten alten Sprachen für durchaus antiquiert, sondern überhaupt die historische und die literarische Dimension für verzichtbar halten. Für diese Perspektive muß vorausgeschickt werden, daß sie sich nicht als Adressat der folgenden Bemerkungen betrachten kann. Man bedürfte eines eigenen Referates, wenn man versuchen wollte, sich mit den Theoremen der radikal ahistorischen Strömungen der Gegenwart zu befassen; der Erfolg wäre überaus zweifelhaft, da die je verschiedene Einstellung zu Literatur und Geschichte nicht allein von Gründen, sondern auch von einer je bestimmten Bewußtseinslage abzuhängen scheint. Hier sei also vorausgesetzt, daß nach wie vor aller Anlaß besteht, sich mit Geschichte und Literatur zu beschäftigen – eben weil die Macht der Erinnerung und der Reiz des geformten Wortes fundamentale Gegebenheiten sind, die das menschliche Handeln im Guten wie im Bösen bedingen. Dieses Referat verhält sich wie jemand, der eine Brücke schon deshalb überschreitet, weil sie da ist und weil andere sie benutzen; hier soll nicht erst Statik studiert noch durch umständliche Berechnungen ermittelt werden, ob die Brücke im nächsten Augenblick einstürzt; es ist Sache der Philosophie, diese Brücke, d. h. die europäische Tradition der Geisteswissenschaften im ganzen, immer wieder auf ihre Standfestigkeit zu prüfen.
- Einer letzten Perspektive eignet etwas Verschmitztes und Koboldhaftes; sie artikuliert sich nicht, und man kann sie nicht angreifen; sie sickert überallhin durch, und man begegnet ihr allenthalben; sie ist stets vor-

handen, und man muß jederzeit mit ihr rechnen. Es ist die Perspektive einer ebenso urmenschlichen Kategorie wie Literatur und Geschichte, die Perspektive der *pigritia, ignavia, inertia, segnities* – zu deutsch Faulheit geheißen. „O Pigritia" – mit einer derartigen Apostrophe hätte sich wohl ein antiker Grammatiker dieses heiklen Punktes entledigt –, „o Pigritia, glaube nicht, daß meine Worte dir ein Opfer darbringen sollen. Das Literaturstudium, für das ich plädiere, ist eitel Mühe und Plackerei; es erfordert gründliche Sprachkenntnisse und einen schier unersättlichen Appetit auf die Anschauung der Textlektüre". Der Philologe der Gegenwart ist zu nüchternerer Diktion verpflichtet; er darf lediglich versichern, daß er keinen Nürnberger Trichter anzubieten weiß. Er kann das Studium nicht leichter und nicht kürzer machen, weder in seinem Fache noch sonstwo in der Philosophischen Fakultät. Er kann sich auch nicht für jene Bestrebungen erwärmen, die das Latinum abgeschafft wissen möchten; er ist vielmehr der Meinung, daß mit der Kenntnis, wenn nicht der alten Sprachen überhaupt, so doch des Lateinischen, jedes wissenschaftliche Engagement im Bereich der philologisch-historischen Disziplinen, das diesen Namen verdient, steht und fällt. Doch eines kann er wohl, und dies ist sogar seine erklärte Absicht. Er kann sich bemühen, dem Zweck der Beschäftigung mit den antiken Literaturen zu etwas größerer Transparenz zu verhelfen, einer Zweckbestimmung, die nicht von gestern und ehegestern stammt, sondern versucht, vor einem gegenwartsbezogenen Urteil zu bestehen.

1. Die Axiomatik der Klassischen Philologie

Genug der Vorbemerkungen. Die folgenden Ausführungen gelten einem Gegenstand, der, wenigstens in groben Umrissen, trotz der Verschiedenheit der Reflexionsebenen als allgemein bekannt vorausgesetzt werden darf – eben dem Fach Klassische Philologie mit seinen gewichtigen und nicht selten bedrückenden Traditionen. Hierbei empfiehlt es sich, drei Dinge voneinander zu unterscheiden: Jene Traditionen enthalten einmal eine bestimmte Axiomatik, einen Selbstentwurf, ein Selbstverständnis des Faches; zum anderen gibt es einen bestimmten Bereich von Gegenständen, die zur Kompetenz des Faches in seinem spezifischen Selbstverständnis gehören, und drittens geht es um eine Anzahl von Methoden, die innerhalb dieses Gegenstandsbereiches auf der Basis jener Axiomatik angewandt werden. Diese drei Gegebenheiten dürfen indes nicht voneinander isoliert werden; vielmehr besteht eine starke Interdependenz zwischen der Axiomatik, den Stoffen und den Betrachtungsweisen.

Für das Verständnis der Axiomatik sind zunächst einige historische Hinweise erforderlich. Die unter der Etikette ‚Antike Autoren' gebündelte Traditionsmasse hat, seit es sie gibt, seit sie durch die Schule getreulich von Jahrhundert zu Jahrhundert weitergereicht wurde, zwei ernstliche Krisen zu bestehen gehabt; beide Male ist die Krise so ausgegangen, daß man diese Traditionsmasse um neuer Zwecke willen überleben ließ. Die erste Krise fällt in die Zeit des Beginns der christlichen Ära, in die Epoche der Kirchenväter. Das junge und ziemlich radikale Christentum machte damals Anstalten, die gesamte heidnische Bildungstradition zu beseitigen. Alsbald meldeten sich freilich auch Gegenstimmen zu Wort, und das Hin und Her der Kämpfe endete mit einem Kompromiß, das vor allem Basilios, Augustin, Boethius und Cassiodor formulierten. Wie Israel beim Auszug aus Ägypten die goldenen und silbernen Töpfe der Ägypter mitgenommen habe, so solle auch der Christ von der heidnischen Bildung übernehmen, was er für wichtig und geeignet halten dürfe[3]. So wurde die heidnische Überlieferung zum Propädeutikum für das Verständnis der christlichen Lehre.

Hierbei blieb es im wesentlichen während der gesamten christlichen Ära. Erst als man sich dreizehn Jahrhunderte später, im Zeitalter der Aufklärung, anschickte, erhebliche Teile des christlichen Kosmos, insbesondere das Schul- und Bildungswesen, zu säkularisieren, geriet die humanistische Tradition abermals in eine Krise. Auch dieses Mal gab es Tendenzen, die energisch die Abschaffung verlangten; die Wortführer waren die Philanthropinisten, eine pädagogische Richtung, die alles erzieherische Tun an einem unmittelbar ablesbaren Nutzen für die Gesellschaft orientierte. Aus der entgegengesetzten Position gingen die Altertumswissenschaft der Universitäten und das humanistische Gymnasium hervor, wie sie heute noch existieren, als Kinder des deutschen Idealismus. Die grundlegende Programmschrift entstand im Jahre 1806, unmittelbar nach der Schlacht von Jena und Auerstädt: die „Darstellung der Altertumswissenschaft" von Friedrich August Wolf[4]. Zu diesem Traktat hat Wolf selber vor allem den gelehrten Apparat, die lange Reihe der materialen und formalen Disziplinen beigesteuert. Die Idee des Ganzen aber, die Zweckbestimmung der Altertumswissenschaft entstammt der Feder Wilhelm von Humboldts. Die Altertumswissenschaft, heißt es dort, solle die Größe und Schönheit der Antike erforschen und auslegen und hierdurch den Geist der deutschen Nation befruchten, der wie kein anderer berufen sei, das Erbe der Griechen anzutreten; sie solle hierdurch die ersehnte Menschheitsform verwirklichen helfen, als deren Archetyp man Goethe betrachten müsse.

Dieses national-idealistische Programm (wenn diese ungewöhnliche Wortverbindung erlaubt ist) blieb mitsamt seinen Implikationen – den ästhetischen Prinzipien, dem Gegenstandsbereich und den Methoden – bis ins Zeitalter der Weltkriege ziemlich unangefochten gültig. Die Griechen, und seit der Gründung des 2. Reiches mehr und mehr auch die Römer, hatten die Funktion eines Modells für das deutsche Bürgertum. Der Gräzist Ulrich von Wilamowitz-Moellendorff z. B. verstand sich in seinem Vortrag „Griechen und Germanen“ [5] (vom Jahre 1923) zu folgender Formulierung: „Wir dürfen sagen, wir kennen jetzt die Hellenen ... deutsche Arbeit hat das Beste dazu getan. Wir sind imstande gewesen, den Hellenen in die Seele zu sehen, weil wir Germanen waren. Denn diese tiefe innere Verwandtschaft ist auch an den Tag gekommen und wird noch deutlicher werden.“ So Wilamowitz. Und Richard Heinze hielt im Jahre 1921 seine berühmte Rektoratsrede „Von den Ursachen der Größe Roms“ [6] – diese Rede inaugurierte die gesamte Forschung, die sich mit dem sogenannten Römertum befaßt, einem der Hauptthemen der deutschen Latinistik. Dort heißt es am Schluß: Deutschland habe zwar nicht, wie Rom, nach der Weltherrschaft gestrebt; das deutsche Volk sei indes zu großen Kulturtaten berufen, die kein anderes Volk ihm abnehmen könne; hierfür bedürfe es der ihm angemessenen politischen Größe. So Heinze, und so viel über die Modellfunktion, die man den Gegenständen der Altertumswissenschaft, den Griechen und Römern, im Zeitalter des Nationalismus zugewiesen hat.

Man würde sich nun einer groben Übertreibung schuldig machen, wenn man behaupten wollte, schlechthin alles, was die deutsche Altertumswissenschaft seit den Tagen Wolfs getrieben hat, sei auf die eigene Gegenwart, auf den idealen Selbstentwurf der Nation bezogen gewesen. Einmal gab es eine schier unübersehbare Fülle von positiver Forschung, die keinerlei Analogien für Tendenzen der eigenen Zeit hergab; weiterhin maß man der Antike nicht nur für die absolut gesetzte Nation exemplarische Bedeutung bei, sondern auch für das ebenso absolut gesetzte Individuum, für die ‚Persönlichkeit‘, und schließlich suchte man die Altertumswissenschaft noch durch allerlei andere Zwecke zu legitimieren: durch den Hinweis, daß man sich mit den Grundlagen des Abendlandes befasse, durch die Behauptung, daß man ein Gegengewicht gegen den Ungeist der Moderne liefere, und dergleichen mehr. Aber den roten Faden macht doch wohl die Modellfunktion aus, die man der Antike für die eigene Nation und deren angebliche Sendung zuerkannte – am humanistischen Gymnasium gewiß noch deutlicher als an den Universitäten. Außerdem kamen die Abendland- und die Gegengewicht-Theorie erst auf, als sich die Metaphysik der Nation zu kompromittieren begann. Jedenfalls sind diese Ersatzlegitimationen die eine wie die andere durchaus unbefriedigend. So erklärt sich, daß es der

Altertumswissenschaft seit einigen Jahrzehnten an einer nennenswerten Selbstreflexion gebricht; ein Programm ist jetzt so gut wie gar nicht vorhanden. Denn was einst Wolf und Humboldt, was noch Wilamowitz und Heinze behaupteten, wagt heute wohl niemand mehr zu behaupten; andererseits setzt das Beharrungsvermögen der Institutionen Traditionen fort, deren Antriebskraft längst fortgefallen ist.

2. Der Gegenstandsbereich der Klassischen Philologie

Dieses Beharrungsvermögen läßt sich besonders deutlich am Gegenstandsbereich der Klassischen Philologie ablesen, der nunmehr einer kurzen Betrachtung unterzogen werden soll. Drei Merkmale verdienen hier besondere Aufmerksamkeit.

- Die Klassische Philologie ist innerhalb der Philosophischen Fakultät ein Unikum. Sie befaßt sich nicht, wie die Philosophie, wie die Geschichte, wie die neueren Philologien mit einem bestimmten Sektor menschlichen Tuns von den Anfängen bis zur Gegenwart; sie beschränkt sich vielmehr auf eine Epoche, eben auf die Antike, und zwar auf die heidnische Antike – alles Christliche pflegt sie als Kind der Aufklärung und des deutschen Ästhetizismus zu perhorreszieren. Hauptsächlich deshalb ist die Behauptung, die gegenwärtige Klassische Philologie vermittle die Grundlagen des Abendlandes, so überaus unbefriedigend oder gar unglaubwürdig. Die Bildungstradition der christlichen Ära hatte nämlich noch unbefangen ein heidnisch-christliches Amalgam geduldet, und erst die wolfsche Altertumswissenschaft räumte mit dieser Synthese gründlich auf. Wie die Archäologie alle Überreste antiker Architektur von den mittelalterlichen Zutaten befreite, so waren die Philologen bestrebt, eine ‚gereinigte' Antike, die ‚Antike selbst' zu präsentieren. Die Existenz der Fächer Mittellateinische Philologie und Byzantinistik bestätigt diesen Befund: Sie hätten – gleichsam als sekundäre Epochenfächer – gar nicht entstehen können, bestünde nicht das primäre Epochenfach Klassische Philologie.
- Die Klassische Philologie ist keine literaturwissenschaftliche Disziplin wie die neueren Philologien. Wolf und seine Schüler hatten noch die gesamte Altertumswissenschaft gelehrt; ihr Programm berücksichtigte also nicht nur die beiden antiken Sprachen und Literaturen, sondern auch ein gut Teil der Realien: die Geschichte, die Philosophie, die Fachwissenschaften, zum Teil selbst die Archäologie. Gewiß spaltete sich die

Altertumswissenschaft im Laufe des 19. Jahrhunderts in zwei Hauptrichtungen; die grammatisch-kritischen und die historisch-antiquarischen Studien, auch kurz ‚Wort- und Sachphilologie' genannt, traten einander gegenüber[7]. Doch gegen Ende des Jahrhunderts machte das Prestige eines Wilamowitz wieder den gesamten Kosmos der enzyklopädischen Altertumswissenschaft für sämtliche Altphilologen verbindlich[8]; die Absonderung der Universitätsdisziplinen Archäologie und Alte Geschichte war lediglich die Konsequenz einer praktischen Arbeitsteilung, wie sie das Anwachsen des Stoffes gebieterisch verlangte. Die Klassische Philologie will daher im System der Fächer zuallererst als Teil der enzyklopädischen Altertumswissenschaft verstanden werden. Dieses gegenwärtig noch durchaus lebendige Konzept erklärt auch die rege wechselseitige Kommunikation, die nach wie vor unter sämtlichen altertumswissenschaftlichen Disziplinen besteht. Überdies repräsentieren die Altphilologen, die an den Universitäten und Schulen lehren, einen ziemlich einheitlichen Typ. Sie haben samt und sonders die Altertumswissenschaften studiert, und im allgemeinen nur die Altertumswissenschaften und sonst nichts.

– Die beiden bisher skizzierten Merkmale der Klassischen Philologie korrespondieren miteinander, und sowohl die zeitliche Schranke als auch die gegenständliche Weite sind Konsequenzen des in der Goethezeit formulierten Programms. Nun hat jedoch dieser Kosmos der enzyklopädischen Altertumswissenschaft eine negative Kehrseite, die sich je länger desto drückender bemerkbar macht. Von der regen wechselseitigen Kommunikation innerhalb der Altertumswissenschaft hebt sich scharf die Dürftigkeit der Kommunikation mit den neueren Philologien ab. Wenn man die Dinge aus dieser Perspektive betrachtet, so scheint die Klassische Philologie gegenwärtig eine eigentümliche Sonderexistenz zu führen; sie ist jedenfalls von den jüngeren Schwesterdisziplinen in beunruhigender Weise isoliert. Dabei wäre an wichtigen gemeinsamen Aufgaben durchaus kein Mangel. So sind z.B. von Romanisten wie Curtius und Auerbach kräftige neue Impulse ausgegangen[9], Impulse, die das lateinische Mittelalter als den Mittler zwischen Antike und europäischer Neuzeit zu begreifen suchen; immerhin geht es hierbei um ein neues, gesamteuropäisches Geschichtsbild, das die Hypostase ‚Nation' auf ihre wahren Maße reduziert. Diese Entwürfe beginnen jetzt allenthalben reiche Früchte zu tragen; das Scherflein indes, das die Klassische Philologie bislang hierzu beigesteuert hat, muß als überaus bescheiden bezeichnet werden.

Die überkommenen Fachgrenzen bedingen nicht nur den gegenwärtigen, unbefriedigenden Ertrag der Forschung; sie wirken sich auch auf die Lehre ziemlich unliebsam aus. Wie genugsam bekannt, besteht seit langem eine Diskrepanz im System der Universitäts- und Schulfächer; dem einen Universitätsfach Klassische Philologie stehen die beiden Schulfächer Griechisch und Latein gegenüber. Nun wird jedoch das Lateinische von vielen studiert, die nicht auch das Griechische studieren, sondern Geschichte oder Romanistik oder Germanistik oder sonst etwas[10]. Man hat sich geradezu daran gewöhnt, daß alle diese angehenden Latinisten von der Universität behandelt werden, als studierten sie Klassische Philologie; man traktiert sie einerseits mit den Stoffen und Problemen der enzyklopädischen Altertumswissenschaft, die sich ihnen doch nur vollauf erschlössen, wenn sie auch das Griechische studierten, und andererseits erfahren sie wenig oder nichts über die Gebiete, die zwischen dem Lateinischen und dem zweiten Fach vermitteln und die es ihnen erlauben würden, ihre beiden Fächer als ein durch vielfältige Beziehungen verknüpftes Ganzes zu begreifen. Rezeptionsgeschichte etwa wird von der Klassischen Philologie fast nur nach rückwärts betrieben, d.h. man fragt, was die Römer von den Griechen übernommen und wie sie das Übernommene abgewandelt haben; man fragt hingegen selten, was aus der Hinterlassenschaft der Griechen und Römer während der christlichen Spätantike, im Mittelalter, in der Neuzeit geworden ist – von der skurrilen Rubrik ‚Nachleben der Antike', die in den Instituten für Klassische Philologie ein kümmerliches Dasein zu fristen pflegt, darf jedenfalls sofort abgesehen werden.

3. Die Revisionsbedürftigkeit von Axiomatik und Gegenstandsbereich

Die bisherige Betrachtung galt den beiden ersten Punkten der angekündigten Analyse, der Axiomatik und dem Gegenstandsbereich der herkömmlichen Klassischen Philologie. Ehe sie sich dem dritten, vielleicht wichtigsten Punkte, den Methoden, zuwendet, empfiehlt sich der Versuch einer kurzen Zwischenbilanz. Zwei Tatsachen haben sich gewiß mit hinlänglicher Deutlichkeit gezeigt: 1. Die in der Goethezeit konstituierte Klassische Philologie war nach einem konsequenten Grundriß angelegt; sie besaß ein Programm und verwaltete den diesem Programm angemessenen Gegenstandsbereich. 2. Die geschichtliche Entwicklung hat beide Prämissen ihrer Verbindlichkeit beraubt. Die Klassische Philologie der Gegenwart bekennt sich denn auch nicht mehr zur Axiomatik der Goethezeit; andererseits ist ihr Gegenstandsbereich noch stark dem Trägheitsgesetz, dem Beharrungsvermögen des Überkommenen unterworfen.

Dieses Ergebnis fordert zu einigen Postulaten auf. Was die Zweckbestimmung angeht, so ist wohl evident, daß sich die Klassische Philologie jetzt abermals in einer schweren Krise befindet, und abermals fehlt es nicht an Stimmen, welche die gänzliche Abschaffung fordern. Diese Radikalkur käme indes, wie schon angedeutet, einem totalen Verzicht auf die Geschichte nahe – allenfalls das 18. und 19. Jahrhundert, die Epoche des Bürgertums und des Nationalismus, wären noch zugänglich. Die Klassische Philologie profitiert daher gegenwärtig kaum noch von ihrem herkömmlichen Gegenstand, der ‚Klassischen Antike', sondern im wesentlichen von der Tatsache, daß die Kenntnis zumal des Lateinischen von allen denen für unentbehrlich gehalten wird, die auf das große Repertorium der Vergangenheit nicht verzichten wollen. Es wäre daher nur konsequent, wenn die Klassische Philologie die institutionelle Deckung, die ihr die Philosophische Fakultät durch das Latinum gewährt, nicht mehr für ein Sonderprogramm benutzen würde. So lautet denn das Fazit hinsichtlich eines künftigen Selbstentwurfs: Zu einer wie immer gearteten Verabsolutierung des Faches besteht kein Anlaß mehr; die Klassische Philologie sollte sich vor allem als Teil der Literaturwissenschaft zu verstehen suchen.

Auch der Gegenstandsbereich der Klassischen Philologie bedarf einer gründlichen Revision. Die rigorose Beschränkung auf eine privilegierte Epoche hat sich längst überlebt. Die Fachgrenzen sollten daher wie bei den neueren Philologien allein vom sprachlichen Substrat abhängen; unter die Kompetenz von Gräzistik und Latinistik fiele demnach alles, was in griechischer und lateinischer Sprache geschrieben ist. Hiermit ist nicht nur die Auflösung des primären Epochenfaches Klassische Philologie postuliert; auch die sekundären Epochenfächer Byzantinistik und Mittellateinische Philologie sollten in die neue Gräzistik und Latinistik eingehen. Diese Erweiterung des Stoffes impliziert die Preisgabe des bisherigen Numerus clausus von Forschungs- und Lehrgegenständen; das Paradigma müßte den Kanon ablösen. Ein derart wählendes Verfahren braucht nicht Unsicherheit und Verwirrung zu stiften, wenn es von einem leistungsfähigen Begriffsapparat und einer transparenten Methodik begleitet wird – diese Errungenschaften könnten die Gräzistik und Latinistik von den neueren Philologien übernehmen, die sich ja schon seit jeher eklektisch zu ihrem Gegenstand verhalten. Die herkömmliche Klassische Philologie hat stets auf enge Tuchfühlung mit der Geschichtswissenschaft geachtet und sich bemüht, die politische Eloquenz und die Historiographie der Antike zu verstehen. An diesen Gepflogenheiten sollte mit Entschiedenheit festgehalten werden, und wenn die neueren Philologien gegenwärtig bestrebt sind, die dort besonders engen Schranken des überkommenen Ästhetizismus zu beseitigen und sowohl die Historiographie als auch die Gebrauchsliteratur in den

Horizont literaturwissenschaftlicher Forschung einzubeziehen, so könnte auf diesem Gebiet die Klassische Philologie die Rolle der Gebenden übernehmen. Andererseits ist die spärliche Zusammenarbeit mit den neueren Philologien jetzt sicherlich ein auffälliger Mangel; dieser Zustand würde sich jedoch ändern, wenn die Altphilologen bereit wären, sich intensiver als bisher mit der christlichen Spätantike und dem Mittelalter zu befassen, mit Gebieten also, deren sich die neueren Philologien seit längerem anzunehmen pflegen. Überdies existiert ein weiterer großer Bereich, innerhalb dessen sich die Gräzisten und Latinisten legitimerweise mit den Neuphilologen verbünden könnten: die Rezeption der Antike in der Neuzeit. Diese Domäne reicht vom italienischen Humanismus bis zu Sartre und Brecht; gerade hier könnten diejenigen, die sich vor allem mit dem antiken Substrat auskennen, wichtige Aufgaben erfüllen.

4. Die Methoden der Klassischen Philologie, ihre Ergänzungsbedürftigkeit

Alle diese und mancherlei ähnliche Vorschläge mögen plausibel klingen – sie bleiben eitel Hoffnung, wenn die Klassische Philologie nicht energisch Anstalten macht, ihre Methoden zu revidieren und zu vervollständigen. Ihr bisheriges Repertoire ist unverkennbar von den Zielvorstellungen des 19. Jahrhunderts abhängig: einerseits von dem aus der Goethezeit überkommenen ästhetischen Kanon, andererseits von den Errungenschaften des Historismus. Zum ästhetischen Kanon gehört der Glaube an zeitlos gültige Menschheitswerte, gehört ferner die Auffassung, das Kunstwerk sei ein Erzeugnis des Genies und Ausdruck seines Erlebens; zum ästhetischen Kanon gehört weiterhin die Überzeugung, daß jedes Kunstwerk die gegebene Wirklichkeit bestätigen und idealisierend überhöhen müsse – weshalb denn die klassische Philologie alles Schockierende, jedwede Provokation, etwa durch die Unerbittlichkeit christlichen Transzendenzdenkens, oder durch häßliche Gegenstände, oder durch absurde Fiktionen, oder durch ein manieristisches Übergewicht der Form, abzulehnen pflegt. Die Errungenschaften des Historismus, die zweite Quelle der von der Klassischen Philologie praktizierten Methoden, lassen sich im wesentlichen auf das Prinzip der Individualität alles Geschichtlichen und auf einen stark organologisch verstandenen Entwicklungsbegriff zurückführen; auch die Erfolge der Echtheitskritik oder der Textemendation wurden, sobald sie über das bloß Handwerkliche hinausgingen, der Anwendung dieser beiden Prinzipien verdankt. Nun haben die genannten hermeneutischen Maßstäbe

– einerseits der ästhetische Kanon, andererseits die Instrumente des historischen Denkens – in der herkömmlichen Altphilologie ein hierarchisches Verhältnis zueinander: Der ästhetische Kanon ist die eigentlich bestimmende Größe; den relativierenden Perspektiven des geschichtlichen Verstehens kommt ihm gegenüber nur eine dienende Funktion zu. Diese Stufenfolge läßt sich an mancher Erscheinung ablesen; bis vor kurzem war ihr auch die Textinterpretation, der Mittelpunkt alles altphilologischen Bemühens, in erheblichem Maße verpflichtet. Zwar scheute man hierbei keine Mühe, die vielfältigen sprachlichen, stilistischen, motivischen, historischen, biographischen und sonstigen Bedingungen des je betrachteten Literaturwerkes aufzuhellen, ja, man pflegte dafür einen Fleiß und eine Sorgfalt aufzuwenden, wie sie den neueren Philologien noch kaum geläufig sind. Paradoxerweise lief die Interpretation gleichwohl nicht selten auf eine Wesensschau des als absolute Größe verstandenen Einzelwerks hinaus; diese Wesensschau vollzog sich dann im Horizont eines optimistischen, auf das Schöpferische der Person verpflichteten Menschenbildes und sollte im Betrachter angenehme und erhabene, mitunter auch heroische Gefühle – im Zeitalter der Weltkriege – erwecken.

Man muß sich dieses Geflecht von Prämissen, von vorgegebenen Zwängen einer bestimmten Haltung bewußt machen, wenn man die eigentümliche Beschränkung des Methodenrepertoires verstehen will, die die Klassische Philologie sich auferlegt hat. Textkritik und Einzelinterpretation: Mit diesen beiden Begriffen ist nahezu alles erfaßt, was die Klassische Philologie der Gegenwart zu leisten pflegt. Mitunter versucht man sich noch an der im ausgehenden 19. Jahrhundert bis zum Überdruß betriebenen Quellenkritik; vereinzelt wagen sich metrische Untersuchungen hervor; ebenso vereinzelt wird auch die zumal zwischen den beiden Weltkriegen beliebte Begriffsgeschichte praktiziert. Alles übrige gehört nicht mehr zur unmittelbaren Ambiance der Literatur, sondern ist dem traditionellen Kosmos der Altertumswissenschaft verpflichtet – wenn man sich etwa mit mythologischen oder religionswissenschaftlichen, mit philosophie- oder kulturhistorischen Materien beschäftigt.

Nun zur Kehrseite dieses ein wenig monomanen Betriebes: In dem skizzierten Methodenrepertoire der Klassischen Philologie fehlt nahezu alles, was geeignet ist, das Allgemeine, das ein Literaturwerk bedingt und dem es dient, zu erfassen und darzustellen, das einzelne Werk als das Produkt typischer Gegebenheiten und Prozesse zu deuten. Das Typische, das Allgemeine: Es ist an der Zeit, einen kleinen Katalog von Methoden vorzuführen, die diesem Typischen zugewandt sind und die von der Klassischen Philologie wenn nicht gänzlich vernachlässigt, so doch viel zu kurz gehalten werden.

- Der Katalog der Insuffizienzen beginnt mit dem Begriffsapparat, mit der Terminologie. Die Klassische Philologie kennt die Ausdrücke der konventionellen Stilpoetik; die modernen Ordnungskategorien und Strukturbegriffe – sie entstammen der Linguistik, der Erzählforschung, der Gattungstheorie und anderen Gebieten – wurden von ihr noch nicht rezipiert.
- Zweitens: Im Bereich der Literaturgeschichte fehlt es fast überall an einer zulänglichen Erfassung der Epochen. Die Wegemarken des geschichtlichen Wandels dienen allenfalls als äußerliche Schubfächer. Die vorhandenen Literaturgeschichten bestehen daher im wesentlichen aus den Autoren und ihren Werken, die am Faden der Chronologie aneinandergereiht sind.
- Drittens: Ein besonders beunruhigendes Kapitel machen die Gattungen aus. Einst, um die Jahrhundertwende, ist die Klassische Philologie auf diesem Gebiete führend gewesen; es sei an Namen wie Hirzel, Leo und Peter erinnert [11]. Gegenwärtig aber vermag sich die Klassische Philologie die Geschichte einer Gattung selten anders vorzustellen denn als die chronologisch geordnete Reihe von einzelnen Werken. Die Gattungsstruktur mit ihren notwendigen und akzidentiellen Elementen, die spezifischen Publikumserwartungen, die mit einer jeden Gattung gegeben sind – dies und manches andere liegt jetzt im allgemeinen außerhalb des Horizontes der Klassischen Philologie.
- Viertens: Die gesellschaftlichen Bedingungen der Literatur gehören zur Kompetenz der Literatursoziologie. Auch hier muß im großen und ganzen Fehlanzeige erstattet werden, und zwar im vierfachen Sinne der Typizitäten, welche a) die Herkunft der literarisch Tätigen, b) die soziale Schichtung des Publikums, c) die sozialen Bedingungen von Stoffen und d) die sozialen Bedingungen von Formen zu kennzeichnen pflegen – alle diese Perspektiven sind so gut wie gar nicht vorhanden.
- Fünftens: Man begnügt sich überhaupt mit den produktions- und den werkästhetischen Aspekten der Literatur. Die gesamte Rezeptionsästhetik ist in der Klassischen Philologie nahezu unbekannt, und zwar im doppelten Sinne der Rezeption, wie sie beim zeitgenössischen Publikum intendiert war und wie sie in späterer Zeit, unter veränderten Voraussetzungen, faktisch eingetreten ist – hier schlägt ja die Rezeptionsästhetik um in die Wirkungsgeschichte der antiken Literaturen.
- Sechstens: Die Klassische Philologie pflegt ihre kanonischen Autoren auf eigene Faust zu interpretieren. Sie kümmert sich daher wenig um die antike Literaturtheorie und deren immense Wirkung zumal auf die europäische Neuzeit – also um die Traktate der Rhetorik und Poetik, um die Exordialtopik und um sonstige immanente Reflexion. Alle diese

Dinge kommen viel zu kurz; es gibt z. B. nur ein einziges großes Werk, das sich um das Verständnis der aristotelischen „Poetik" bemüht – es ist von dem Germanisten Kommerell verfaßt[12].

- Schließlich zeigt die Klassische Philologie ein beträchtliches Manko an Selbstreflexion. Man befragt sie vergebens über ihre Methoden, Aufgaben und Ziele; man trifft allenfalls auf jene traditionellen, der Goethezeit entstammenden Argumente. Das Ressort ‚Geschichte der Klassischen Philologie' wird kaum bearbeitet; man begnügt sich im wesentlichen mit Jubiläumspanegyrik. Was sich auf diesem Gebiete mit den Kategorien eines Dilthey bewerkstelligen läßt, hat man noch nie ernstlich erprobt[13].

Dieser ein wenig deprimierende Katalog ist nicht einmal vollständig; man müßte z. B. noch auf das Fehlen eines modernen linguistischen Zweiges hinweisen, weshalb denn auch die linguistisch-literaturwissenschaftlichen Grenzprobleme kaum Beachtung finden. Andererseits ist der Katalog gewiß auch überspitzt und einseitig. So muß jedenfalls *ein* Gebiet typischer Erscheinungen genannt werden, um das die neueren Philologien ihre ältere Schwester beneiden könnten: die Geschichte der Motive, Bilder, Metaphern, Symbole. In diesem Bereich ist schlechthin alles untersucht, und es kostet nur geringe Mühe, sich selbst für die erlesensten Tropen die einschlägige Literatur zu beschaffen[14]. Überdies verdient Erwähnung, daß sich einzelne Altphilologen durchaus um alle die Dinge bemüht haben, deren generelle Vernachlässigung soeben beanstandet wurde. Die Abhandlungen des Gräzisten Bruno Snell[15] z. B. berücksichtigen jeden nur denkbaren Aspekt des Typischen; sie befassen sich insbesondere mit sprachlichen Strukturen, mit Gesetzmäßigkeiten von Gattungen, mit Problemen der literarischen Ästhetik und sind überhaupt auf ein Reflexionsniveau bedacht, das allenthalben wichtige geistesgeschichtliche Zusammenhänge transparent werden läßt. Allerdings vermögen weder gründlich beackerte Sondergebiete noch die glücklichen Beiträge einzelner das Gesamtbild erheblich zu modifizieren.

5. Die methodischen Differenzen zwischen Klassischer Philologie und moderner Literaturwissenschaft

Doch dieses Gesamtbild ist einstweilen pure Hypothese, nichts als die Impression eines Altphilologen, der gelegentlich Anlaß nahm, sich mit Gegenständen und Problemen der neueren Philologien zu beschäftigen, die dort übliche Diktion und Argumentationsweise auf sich wirken zu lassen – der Beweis aber steht noch aus. In dieser Verlegenheit sei an eine Bemerkung des Anfangs erinnert: Ein Appell muß bestimmten Plausibilitätserfordernissen genügen; man darf ihm jedoch nicht die Stringenz eines wissenschaftlichen Beweises abverlangen.

Außerdem fehlt es wohl nicht gänzlich an äußeren Instanzen, die es ermöglichen, die Plausibilität des Appells zu bekräftigen. Zunächst könnte man das Lehrprogramm der Klassischen Philologie und der neueren Philologien einem vergleichenden Studium unterwerfen. Hierbei müßte man freilich zunächst beachten, daß sich nicht sämtliche Methoden zum Thema einer selbständigen Lehrveranstaltung erheben lassen; viele Aspekte kommen nur immanent bei der Behandlung der jeweiligen Stoffe zur Geltung. Doch die Epochen und Gattungen sowie die Theorie der Literatur eignen sich durchaus für besondere Vorlesungen oder Seminare. Befragt man nach diesem Kriterium die Vorlesungsverzeichnisse, so treten die Differenzen der Fächer deutlich hervor. Das Lehrprogramm der Klassischen Philologie gilt fast nur dem Oeuvre je einzelner Schriftsteller; die neueren Philologien hingegen bieten nicht nur epochen- oder gattungsbezogene Veranstaltungen an, sondern erproben sich auch sonst an vielfältigen ideen- oder formgeschichtlichen Sachproblemen.

Als eine weitere Instanz bietet sich ein vergleichender Blick auf die Titel von Habilitationsschriften an. Das „Jahresverzeichnis der deutschen Hochschulschriften" macht unter den Jahrgängen 1961–64 (die Stichprobe wurde willkürlich gewählt; sprachwissenschaftliche Untersuchungen blieben außer Betracht) folgende Themen klassisch-philologischer Habilitationsarbeiten namhaft[16]:

Die griechischen Dichterfragmente der römischen Kaiserzeit

Akroasis – Der akustische Sinnesbereich in der griechischen Literatur bis zum Ende der klassischen Zeit

Formen und Darstellungsweisen in der aristophanischen Komödie

Puella divina – Die Gestalt der göttlichen Geliebten bei Catull im Zusammenhang der antiken Dichtung

Die Aeneis und Homer. Studien zur poetischen Technik Vergils mit Listen der Homerzitate in der Aeneis

Weisheit und Wissenschaft – Studien zu Pythagoras, Philolaos und Platon

Freiheit und Gebundenheit römischer Epik – Studien zu Silius Italicus

Platons ungeschriebene Lehre und der Platonismus des Aristoteles.

Diese Liste enthält eine Edition (Die griechischen Dichterfragmente) und ein kulturhistorisches Sachthema (Akroasis), ferner zwei philosophiegeschichtliche Untersuchungen. Die literaturwissenschaftlichen Arbeiten konzentrieren sich sämtlich auf einzelne Autoren. Für dieselbe Zeit finden sich in der gleichen Quelle folgende germanistische Habilitationsschriften angezeigt[17]:

Versuch über das Tragische
Die Darstellung des Niflungenunterganges in der Thidrekssaga
Lateinische Dichtungstradition und deutsche Lyrik des 17. Jahrhunderts
Laurence Sterne und der deutsche Roman des 18. Jahrhunderts
Klopstock – Religion und Dichtung
Hans Folz – Die Reimpaarsprüche
Die romantische Ironie in Theorie und Gestaltung
Die Säkularisation als sprachbildende Kraft. Studien zur Dichtung deutscher Pfarrersöhne.

Auch in dieser Stichprobe fehlt es nicht an Arbeiten, die einzelnen Autoren oder Werken gelten (Thidrekssaga, Klopstock, Folz). Ihnen halten jedoch allgemeine Themen die Waage; man begegnet dort den Gattungen, der Dichtungstheorie, der Literatursoziologie.

Eine dritte und letzte Instanz mögen die wissenschaftlichen Zeitschriften ausmachen. Es genügt, einen Blick auf das Repertoire zu werfen, das der „Hermes", der „Euphorion" und die „Germanisch-Romanische Monatsschrift" in den Jahren 1962 und 1963 dem Leser anbieten; schon dieser eng begrenzte Vergleich vermag die bisherigen Eindrücke vollauf zu bestätigen. Die drei genannten Fachblätter enthalten Aufsätze, Miszellen und außer dem „Hermes" auch Rezensionen; die Gegenüberstellung berücksichtigt lediglich die Aufsätze.

Die beiden Bände des „Hermes"[18] bringen insgesamt 57 Beiträge dieser Art. Hiervon entfällt der Löwenanteil auf die Einzelinterpretation, auf die Text- oder Werkphilologie. Denn insgesamt 31 Aufsätze befassen sich mit Themen wie: „Zur Anagnorisis in der Helena" – „Gleichnis und Innenwelt in Silius' Punica" – „Über Antiphons Rede über den Choreuten" – „Zur ‚Dichterweihe' des Archilochos" – „Die Träume des Pompeius in Lucans Pharsalia" – „Die Komposition der Invektive gegen Cicero" – „Aufbau und Struktur des Prooimions der Hesiodischen Theogonie" usw. An zweiter Stelle steht die Textkritik mit sieben Beiträgen: „Zur Überlieferung des Lukrez" – „Elf Lukanverse" usw. Im übrigen findet man in den beiden „Hermes"-Bänden sechs historische Aufsätze und ebenso viele Stücke, die religions-, philosophie- oder kulturgeschichtlichen Gegenständen gelten; die Titel lauten hier z.B. „Demeter, Erinys, Artemis" – „Peripatetica" – „Poseidonios und die Ärzteschule der Pneumatiker". Schließlich sind noch die Literaturgeschichte durch zwei Beiträge („Zur Datierung des Mimnermos" usw.), die Rezeptionsgeschichte durch ebenso viele Stücke („Beiträge zur spätantiken Hippokrates-Deutung" usw.), die Quellenkritik, die Metrik und die Begriffsgeschichte durch je einen Aufsatz repräsentiert.

Im ganzen vermittelt die Stichprobe das Bild einer vom Positivismus beherrschten Disziplin; die Einzelerklärung steht im Mittelpunkt; man betreibt emsig ‚Wort- und Sachphilologie'. Sämtliche auf das Allgemeine gerichtete Methoden und Betrachtungsweisen fehlen (auch die rezeptionsgeschichtlichen Beiträge sind Einzelheiten verhaftet), wie denn überhaupt der antiquarischen Dingbesessenheit der Sinn für zweierlei abgeht: für größere Zusammenhänge, also für Abstraktion, sowie für den Rückbezug der Untersuchung auf den Untersuchenden, also für Reflexion.

Die Gegenprobe des „Euphorion" und der „Germanisch-Romanischen Monatsschrift" stellt sich folgendermaßen dar: Die beiden Blätter enthalten in den beiden Jahrgängen[19] insgesamt 71 Aufsätze. Auch hier machen die Einzeluntersuchungen etwa zwei Drittel des Ganzen aus (46 Beiträge): „Zur Frage der Schuld in Hartmanns Gregorius" – „Die Entstehung der Sieben Legenden von Gottfried Keller" – „Syntax und Sinn: Eine Untersuchung zu September von Gottfried Benn" – „Die Kunstform der Daudetschen Novelle" usw.; hierbei verdient Beachtung, daß schon die Titel der teils werkphilologischen, teils literaturgeschichtlichen Abhandlungen nicht selten auf den gattungstheoretischen oder geistesgeschichtlichen Kontext deuten, auf den sie bezogen werden wollen. Das restliche Drittel bringt Textkritik, Metrik, Stoffgeschichte, Begriffsgeschichte, Kultur- und Geistesgeschichte (insgesamt sieben Stücke); das eigentliche Salz aber besteht in einer erklecklichen Anzahl von gattungsgeschichtlichen und gattungstheoretischen Themen (insgesamt zwölf Stücke): „Zum Problem der Landschaftsdarstellung im höfischen Versroman" – „Der hochgeehrte Herr Freimäurer. Über Freimaurerei und moralische Wochenschriften" – „Innenwelt. Ein Darstellungsproblem des englischen Romans" – „Cervantes und die literarischen Gattungen" (um nur einige Beispiele zu nennen). Des weiteren findet man anspruchsvolle rezeptionsgeschichtliche Untersuchungen, z. B. „Das heroische und das sentimentale Antike-Bild in der französischen Literatur des 18. Jahrhunderts" (und ein weiteres Stück); man findet schließlich literaturtheoretische Aufsätze („Sophokles, Aristoteles und Lessing" – „Die Nachahmungstheorie. Batteux und die Berliner Rationalisten") sowie Beiträge zur Methodenreflexion („Zwischen Interpretation und Geistesgeschichte. Zur gegenwärtigen Situation der deutschen Literaturwissenschaft" – „Von den Grenzen des Verstehens mittelalterlicher Dichtung").

Das Fazit dieser Plausibilitätsbemühungen läuft wohl darauf hinaus, daß sich die Klassische Philologie und die neueren Philologien durchaus in einen traditionellen Kernbereich teilen. Die je spezifischen Tendenzen sind einander entgegengesetzt: Die Klassische Philologie strebt dem Konkreten, dem Antiquarischen zu; die neueren Philologien repräsentieren die moderne Literaturwissenschaft – sie sind auf die Betrachtungsweisen höherer Ordnung bedacht, auf jene Methoden, die durch den Vergleich einer Vielzahl von ähnlichen Erscheinungen komplexe Zusammenhänge aufzuhellen suchen. Die Gräzistik und die Latinistik sollten sich diese Methoden ebenfalls zu eigen machen; ihr Gegenstandsbereich schlösse dergleichen um so weniger aus, als man ihn in der vorgeschlagenen Weise erweitern könnte.

Anmerkungen

[1] Die Chance des Unbehagens – Zur Situation der klassischen Studien, Göttingen 1965.

[2] Wort und Wahrheit – Monatsschrift für Religion und Kultur 19 (1964), S. 9–42 und 103–145: Abschied von der Antike? Eine Enquete über die Zukunft des klassischen Erbes.

[3] S. H. Fuchs, Die frühe christliche Kirche und die antike Bildung, in: Antike 5 (1929), S. 107 ff., und ders., Bildung, in: Reallexikon für Antike und Christentum, Bd. 2, Stuttgart 1954, Sp. 358.

[4] Museum der Altertumswissenschaft 1 (1807), S. III–IX und 1–145 = Kleine Schriften, hrsg. von G. Bernhardy, Halle 1869, Bd. 2, S. 808 ff. Zum Folgenden vgl. M. Fuhrmann, Friedrich August Wolf, in: Deutsche Vierteljahrsschrift für Literaturwissenschaft und Geistesgeschichte 33 (1959), S. 204 f. 229 ff.

[5] In: Reden und Vorträge, Berlin 1926^4, Bd. 2, S. 107.

[6] Leipzig 1921. Wiederabgedruckt in: R. Heinze, Vom Geist des Römertums – Ausgewählte Aufsätze, hrsg. von E. Burck, Darmstadt 1960^3, S. 9–27, und in: Römertum (Wege der Forschung 18), hrsg. von H. Oppermann, Darmstadt 1967^2, S. 11–34.

[7] S. C. Bursian, Geschichte der classischen Philologie in Deutschland, München–Leipzig 1883, S. 665 ff.

[8] S. U. Hölscher, a.a.O., S. 11 ff.

[9] Insbesondere von E. R. Curtius, Europäische Literatur und lateinisches Mittelalter, Bern 1967^6, und E. Auerbach, Mimesis – Dargestellte Wirklichkeit in der abendländischen Literatur, München 1971^5.

[10] Um 1970 waren die ‚Nur-Lateiner' etwa zehnmal so zahlreich wie die ‚Voll-Philologen', d. h. wie die Studenten beider alter Sprachen.

[11] R. Hirzel, Der Dialog, 2 Bde., Leipzig 1895 (behandelt auch das Mittelalter und die Neuzeit). Fr. Leo, Die griechisch-römische Biographie nach ihrer literarischen Form, Leipzig 1901. H. Peter, Der Brief in der römischen Literatur (Abhandlungen der Sächsischen Gesellschaft der Wissenschaften, Phil.-hist. Classe 20, 3), Leipzig 1901.

[12] M. Kommerell, Lessing und Aristoteles, Frankfurt/M. 1940 (Nachdrucke). Neuerdings habe ich in meiner Einführung in die antike Dichtungstheorie, Darmstadt 1973, den Versuch unternommen, etwas auf diesem vernachlässigten Felde zu tun.

[13] Inzwischen ist – als ein erster Versuch – erschienen: A. Hentschke-U. Muhlack, Einführung in die Geschichte der klassischen Philologie, Darmstadt 1972.

[14] S. V. Pöschl-H. Gärtner-W. Heyke, Bibliographie zur antiken Bildersprache, Heidelberg 1964.

[15] S. insbesondere die in der Sammlung Die Entdeckung des Geistes, Hamburg 1955^3, vereinigten Aufsätze.

[16] Jahresverzeichnis der deutschen Hochschulschriften 78 (1962), S. 340. 791. 79 (1963), S. 455. 847. 80 (1964), S. 87. 281. 993 (2 Titel).

[17] Ibid. 77 (1961), S. 80 (2 Titel). 703. 78 (1962), S. 340. 604. 665. 666. 79 (1963), S. 343. S. ferner 79 (1963), S. 411. 80 (1964), S. 87. 88 (3 Titel). 158. 374. 429. 507.

[18] Bd. 90 (1962) und 91 (1963).

[19] Euphorion, Bd. 56 (1962) und 57 (1963). Germanisch-Romanische Monatsschrift, Bd. 43 (1962) und 44 (1963).

Latein als Schlüsselfach der europäischen Tradition

Das Thema läßt große Dinge erwarten: Überblicke über den geistigen Ertrag von Jahrtausenden, einen Preis des antiken Rom, der Kirchenväter und des Corpus Juris, der Scholastik und des Humanismus – Perspektiven also, wie sie sich (um nur zwei bekannte Titel zu nennen) in Werken wie „Europa und das römische Recht" von Paul Koschaker oder „Europäische Literatur und lateinisches Mittelalter" von Ernst Robert Curtius auftun[1]. Eine solche Erwartung geht nicht gänzlich fehl. Denn wer sich mit der lateinischen Sprache und der lateinischen Literatur befaßt, der kann gar nicht umhin, sich auf eine Substanz zu beziehen, und eben diese Substanz wird durch Etiketten wie ‚antikes Rom', ‚Kirchenväter', ‚Corpus Juris' bündig und einigermaßen vollständig bezeichnet. Gleichwohl soll hier alles das, worin sich das Lateinische objektiviert hat, mehr vorausgesetzt als beschrieben werden, es soll als Rahmen, als Horizont dienen, innerhalb dessen sich die folgenden Ausführungen bewegen. Es geht hier also nicht so sehr um die ideale Sicht des Forschers, der geistesgeschichtliche Zusammenhänge enthüllt und entfaltet und der in seinen Darlegungen noch einmal vollzieht, was sich einst während des vielschichtigen Werdegangs von Europa in Wirklichkeit vollzogen hat. Es geht vielmehr vor allem um reale Probleme der Gegenwart: um das Fach Latein, wie es an Schule und Universität betrieben wird, und allerdings auch, wie es – im Hinblick auf jene Zusammenhänge – betrieben werden könnte und sollte, ferner um die Frage, ob sich dieser Betrieb – in seiner jetzigen oder in einer möglichen anderen Gestalt – ohne Voreingenommenheit rechtfertigen läßt und wie man ihn rechtfertigen kann.

Diese Betrachtung hat also einen doppelten Gegenstand: sie soll erstens skizzieren, was das ist, wenn man vom Fach Latein spricht, und was das sein könnte; sie soll zweitens prüfen, ob und in welchen Grenzen es als sinnvoll erscheint, daß ein erheblicher Teil unserer Jugend weiterhin jahrelang mit diesem Fache traktiert wird.

Es ist freilich nicht leicht, sich mit einigen abstrakten Darlegungen hinsichtlich eines so komplexen Problems zu verständigen. Denn hierbei werden ja stets Wirklichkeiten – die gegenwärtige Wirklichkeit des Lateinunterrichts sowie die vergangenen Wirklichkeiten der vielfältigen Stoffe, der tatsächlich verwendeten und der möglicherweise verwendbaren – auf ein paar dürre Begriffe, notdürftige Abbreviaturen des Gemeinten, gebracht; die Erfahrung aber und der langjährige Umgang, die sich in diesen Begriffen zu artikulieren versuchen, lassen sich dem kaum mitteilen, der nicht in analoger Weise auf Erfahrung und Umgang rekurrieren kann. Diese Kluft ist unüberbrückbar. Sie wird allenfalls ein wenig verringert, wenn das, worauf sich die folgenden Darlegungen beziehen, in einem Beispiel gegenwärtig ist: in einem kurzen lateinischen Text. Dieser Text wurde recht willkürlich gewählt – aus einer schier unbegrenzten Zahl von Möglichkeiten. Er wurde immerhin so gewählt, daß er für die beiden angekündigten Punkte etwas hergibt: Er kann als Folie dienen, wenn es den aktuellen und einen möglichen Zustand des Faches Latein zu beschreiben gilt; er kann illustrieren, was mit der Existenz des Faches Latein auf dem Spiele steht.

Der Text entstammt einem Briefe Cyprians, des Bischofs von Karthago. Im Jahre 257 hatte ein Befehl des Kaisers Valerian eine neue Christenverfolgung in Gang gesetzt. Cyprian wurde einstweilen in eine kleine Stadt bei Karthago verbannt; zahlreiche Gläubige seines Amtsbereichs mußten in den afrikanischen Gold- und Silbergruben Zwangsarbeit leisten. An diese Unglücklichen richtet sich der Brief; die ausgewählten Abschnitte lassen sich etwa so wiedergeben[2]:

„Cyprian wünscht seinen Mitbischöfen und Mitpresbytern, den Diakonen und den übrigen im Bergwerk befindlichen Brüdern, Märtyrern Gottes, des allmächtigen Vaters, und unseres Herrn und Heilandes Jesus Christus ewiges Heil!

Euer Ruhm verlangte eigentlich, glückselige und geliebte Brüder, daß ich selbst käme, euch zu sehen und zu umarmen. Doch auch ich bin wegen meines Bekenntnisses zum Namen Christi verbannt und darf den mir angewiesenen Ort nicht verlassen. Aber ich will bei euch sein, so gut ich kann, und wenn es mir auch nicht vergönnt ist, mit leiblichen Füßen zu euch zu gehen, so komme ich doch in der Liebe und im Geiste. Mein Brief soll euch zeigen, wie sehr mein Herz von Freude über eure Standhaftigkeit und euren Ruhm erfüllt ist. Ich darf ja glauben, daß ich euer Los teile – zwar nicht durch eigene physische Qual, wohl aber durch die Liebe, die uns eint. Oder sollte ich schweigen und mein Wort unterdrücken, wenn ich von euch, liebe Brüder, höre, wie euch Gottes Gnade durch vielerlei Rühmliches ausgezeichnet hat? Einige von euch haben ihr Martyrium bereits vollendet und sind vorausgegangen, vom Herrn die Krone ihrer Verdienste zu empfangen. Andere weilen noch stets hinter Kerkermauern oder gefesselt in Bergwerken. Sie geben gerade durch das Andauern ihrer Qual ein desto wirksameres Beispiel, die Brüder zu stärken und zu wappnen, und die Langsamkeit der Folter verschafft ihnen ein noch größeres Anrecht auf Verdienst: So viele Tage der Pein ihr jetzt zählt, so reichen himmlischen Lohn werdet ihr empfangen.

Zuerst hat man euch furchtbar mit Stöcken geschlagen und mißhandelt, und mit dieser Pein habt ihr den Glaubensweg eures Bekenntnisses angetreten; wir haben keinen Grund, darüber empört zu sein. Denn der Leib eines Christen fürchtet sich nicht vor Stöcken, da seine ganze Hoffnung auf dem Holz beruht. Der Diener Christi erkennt das Geheimnis seines Heils; durch Holz ist er erlöst zum ewigen Leben, durch Holz wurde er auf den Weg zur Krone gebracht. Kein Wunder, daß ihr, die goldenen und silbernen Gefäße, dann ins Bergwerk, d. h. in den Ursprungsort des Goldes und Silbers, gebracht worden seid – nur daß es sich jetzt mit den Bergwerken gerade umgekehrt verhält: Die Stätten, die zuvor Gold und Silber herzugeben pflegten, werden nun damit beliefert. Sie haben euch auch Fußketten angelegt und eure gesegneten Glieder, die Tempel Gottes, in schändliche Fesseln geschlagen – als ob mit dem Leibe auch der Geist gefesselt und euer Gold durch die Berührung mit Eisen beschmutzt würde! Für gottgeweihte Männer, die ihren Glauben mit Hingabe und Mut bezeugen, ist das Schmuck, und keine Fessel, und wenn sie die Füße von Christen zusammenbinden, dann bringen sie ihnen nicht Schande, sondern den Glanz der Krone. Selig die gefesselten Füße, die nicht ein Schmied, sondern der Herr lösen wird! Selig die gefesselten Füße, die auf dem Wege des Heils ins Paradies gelenkt werden! Ihr Füße, in dieser Welt für kurze Zeit gebunden, um auf immer bei Gott frei zu sein! Ihr Füße, eine Weile noch durch Ketten und Querhölzer gehemmt, um bald auf ruhmreicher Bahn zu Christus zu eilen! Mag euch hier neidische oder böswillige Grausamkeit mit ihren Banden und Fesseln halten, so viel sie will: In kurzem werdet ihr aus dieser irdischen Pein ins Himmelreich gelangen. Der Leib hat in den Bergwerken nicht Bett noch Polster, sich zu erquicken – aber Christus erquickt ihn durch stärkenden Trost. Die von Arbeit erschöpften Glieder müssen sich auf den nackten Erdboden legen – aber es ist keine Pein, sich gemeinsam mit Christus dorthin zu legen. Die Haut starrt, ohne Bad, von häßlichem Staub und Schmutz – aber der Geist im Innern wird gereinigt, wenn außen das Fleisch beschmutzt wird. Brot ist dort knapp – doch nicht vom Brot allein lebt der Mensch, sondern vom Worte Gottes. Den Frierenden fehlen Kleider – aber wer Christus angezogen hat, ist reichlich mit Kleidung und Schmuck versehen. Das Haar auf dem halbgeschorenen Haupte sieht schrecklich aus – aber da Christus das Haupt des Mannes ist, muß alles dem Haupt zum Schmuck werden, das der Name des Herrn auszeichnet. All diese Entstellung, abscheulich und häßlich für die Heiden – welcher Glanz wird sie aufwiegen! Diese kurze irdische Pein – in welch herrlichen Lohn ewiger Ehre wird sie sich verwandeln, wenn einst der Herr nach dem Wort des seligen Apostels den Leib unserer Niedrigkeit nach dem Bilde seines verklärten Leibes umgestaltet!“

„Ein sonderbarer Text" – so könnte jemand meinen, der mit dergleichen noch nicht in Berührung gekommen ist –, „ein Text, der geeignet ist, sowohl Betroffenheit als auch Befremden hervorzurufen. Denn das furchtbare Geschehen, auf das er sich bezieht, ist ja auch unserer Gegenwart nur allzu geläufig – doch in welch seltsame, ja bizarre Perspektive wird dieses Geschehen gerückt!" Der heutige Lateinlehrer an Universität oder Schule vermöchte einem Laien oder Lernenden lediglich die Form, das sprachlich-stilistische Gewand des Cyprian-Briefes zu erschließen; dem Inhalt aber stünde er im allgemeinen ebenso hilflos gegenüber wie jener Laie, dessen mutmaßliche Reaktion soeben angedeutet wurde. Er wäre wohl gar nicht imstande, ein solches Zeugnis auch nur ausfindig zu machen, und wie sollte er es, wenn er es ausfindig gemacht hätte, literarisch einordnen, wie sollte er die biblischen Bezüge und überhaupt die religiöse Haltung deuten, die sich dort ausspricht; sähe er, welche psychologisch-moralischen und welche ästhetischen Kategorien in dem Text angelegt sind – kurz und gut: Könnte er den Text, ein anschauliches Dokument, in seiner historischen Bedingtheit erfassen und sich zugleich von seiner exemplarischen Bedeutung Rechenschaft geben?
Die Antwort auf alle diese Fragen muß wahrscheinlich negativ lauten; der heutige Lateinlehrer ist eben durch sein Studium und den Horizont seines Wissens auf derlei Dinge überhaupt nicht vorbereitet. Wie erklärt sich dieser Befund?

1. Latein: Wie es ist, wie es sein sollte

Ernst Robert Curtius hat sich in dem schon genannten Werk ausgiebig mit den überlieferten Verzeichnissen mustergültiger lateinischer Autoren befaßt; das von ihm vorgelegte Material reicht von der römischen Kaiserzeit bis zur Gegenwart[3]. Seine Darlegungen lassen sich auf die Formel bringen, daß sich die Tradition bis zum 18. Jahrhundert durch drei Merkmale von dem gegenwärtigen Zustande unterschied: 1. Sie pflegte sowohl heidnische als auch christliche Schriftsteller zu berücksichtigen, und zwar ungefähr in gleichen Proportionen; 2. sie blieb stets für Neues offen, d.h. mittelalterliche Verzeichnisse nahmen auch mitteralterliche, neuzeitliche Verzeichnisse auch neuzeitliche Schriftsteller auf; 3. sie kannte keine Rangordnung innerhalb der römischen Autoren, d.h. sie wies den Werken der ciceronisch-augusteischen Klassik keine Sonderstellung zu. Latein war also seit der römischen Kaiserzeit das Fach der römischen, seit dem frühen Mittelalter das Fach der europäischen Tradition; es hat sich trotz aller Schwankungen und Änderungen bis zum Barock im wesentlichen in dieser Position behauptet.

Gegen Ende des 18. Jahrhunderts trat eine radikale Wende ein. Sie war eine Folge der ‚deutschen Bewegung' – der Klassik, des Neuhumanismus, des Historismus –, deren Maximen sich auch außerhalb der deutschsprachigen Länder mehr oder minder entschieden durchsetzten. Friedrich August Wolf proklamierte ein von der Theologie unabhängiges philologisches Studium; er proklamierte zugleich die Loslösung des Philologenstandes vom Stande des Theologen; er proklamierte schließlich, daß die heidnische Antike der einzig legitime Gegenstand der von ihm konstituierten Altertumswissenschaft sei. Um dieselbe Zeit pries Goethe einen Winckelmann als Paradigma und Sinnbild für die Wiederherstellung wahren menschlichen Daseins, und er nannte ihn, um diese seine Rolle formelhaft zu bezeichnen, eine „antike Natur". Das Schlagwort richtete sich gegen das Christentum, gegen die Romantik, gegen jegliches Transzendenz-Denken, gegen Mächte, die, wie Goethe meinte, das Gefühl und die Betrachtung zerstückelt und eine kaum heilbare Trennung der gesamten Menschenkraft verursacht hätten. Goethe wünschte, daß man – nach Maßgabe der ‚Alten' und Winckelmanns – sämtliche Eigenschaften gleichmäßig zu vereinigen suche, mit allem Sinn, aller Neigung, aller Kraft auf die Gegenwart wirke, sich am Nächsten, Wahren und Wirklichen festhalte[4]. Goethes Lebensanschauung ist schwerlich noch die unsere, und seine Formel von der „antiken Natur" vermag vor allem deshalb nicht mehr zu faszinieren, weil man die Gebrechen der Gegenwart nicht mehr der entrinnbaren Macht christlichen Transzendenz-Denkens, sondern der unentrinnbaren gegenwärtigen Welt selbst zuzuschreiben pflegt.

Das emanzipatorische Pathos der Aufklärung[5], der antichristliche Affekt der deutschen Klassik und des deutschen Neuhumanismus, die wichtigste Ursache für den Abbau aller zwischen Antike und Gegenwart vermittelnden Tradition, ist verraucht und verklungen, und eines der Ergebnisse, die auf die Zeit von Plautus bis Tacitus eingeschränkte ‚römische Welt', kann keine Verbindlichkeit mehr beanspruchen – es ist ein Petrefakt, das wieder der Verflüssigung bedarf. Dasselbe gilt für die übrigen Antriebe und Interessen des 18./19. Jahrhunderts, die das Gebäude des klassischen Altertums und zumal das Monument der Römergröße geschaffen haben: für die romantische Volksgeistlehre, den Quellgrund von Abstraktionen wie ‚Griechentum', ‚Römertum', ‚Deutschtum', für die Genie- und Erlebnisästhetik usw.

Der zweite Weltkrieg hat eine neue Epoche eingeleitet. Man weiß noch nicht, welche Tendenzen sich durchsetzen werden; wir stehen mitten im

Übergang. Jedenfalls sind zahlreiche Voraussetzungen der bürgerlichen, der nationalistischen Epoche fortgefallen, und viele Perspektiven haben sich stark verändert. Welche Rolle das Fach Latein in seiner neuen Umwelt auf die Dauer spielen wird, wagt niemand vorauszusagen. Ich glaube indes versichern zu können, daß es nur dann eine sinnvolle Rolle zu spielen vermag, wenn es mit seiner Mittlerstellung zwischen Griechenland und Europa Ernst macht; wenn es die Kompetenz voll ausnutzt, die sich aus der von ihm verwalteten Sprache ergibt; wenn es sich – jedenfalls im Prinzip – aller in lateinischer Sprache verfaßter Texte annimmt; wenn es die Tradition der christlichen Ära, die Spätantike, das Mittelalter und die frühe Neuzeit, in seinen Horizont einbezieht.

Diese Thesen besagen nichts anderes, als daß das Fach Latein den Prozeß wieder rückgängig machen muß, der sich seit dem Ende des 18. Jahrhunderts mit ihm vollzogen hat, daß es die Fäden wiederaufnehmen muß, die damals zerrissen worden sind. Ein solches Programm wird schwerlich als ein bloßer Restaurationsversuch erscheinen. Jene Wiederaufnahme soll ja anders vonstatten gehen, als die Tradition vonstatten ging, die wiederaufgenommen werden soll – aus heutiger Perspektive und mit heutigen Methoden. Wohl aber steckt in diesem Programm die Forderung, daß der Historismus radikalisiert werde. Es gilt, die Prinzipien auf das Ganze der lateinischen Tradition anzuwenden, die bisher lediglich – und nicht ohne Verkümmerung durch klassizistische Vorurteile – im Bereich der klassischen Antike angewandt worden sind. Hiermit ist indes noch nicht alles gesagt. Jene Wiederaufnahme soll ja – jedenfalls auf der Schule – pädagogischen Zwecken dienen. Folglich muß sie sich bei aller Bindung an die Wissenschaft von einer Wissenschaftlichkeit freizuhalten suchen, die der Bildung seit dem ausgehenden 19. Jahrhundert nicht selten im Wege gestanden hat, und zwar nicht nur in den altsprachlichen Fächern, sondern z.B. auch in Geschichte oder Religion. Man darf den lernenden Kindern nicht einfach dasjenige vorsetzen wollen, was als das objektiv Beste und Wichtigste erachtet wird, sondern man muß aus dem Guten und Wichtigen dasjenige für sie auswählen, was ihrem Alter und dem Grad ihrer Reife gemäß ist.

Das Beispiel des Cyprian-Briefes würde sich wohl diesen Grundsätzen fügen. Um mit dem zuletzt genannten Gesichtspunkt zu beginnen: Es handelt sich nicht um eine Partie aus einem der berühmten Werke oder Dokumente der Kirchenväterzeit, nicht um etwas, das in einer Kirchen- oder Dogmengeschichte erwähnt zu werden verdient[6], es handelt sich vielmehr um ein zweitrangiges Zeugnis von einem – in den Zeiten der Verfolgungen – nahezu banalen Vorgang. Aber dieses Zeugnis und dieser Vorgang zeichnen sich vor vielem Bedeutenderen durch Anschaulichkeit aus. Die lernenden

Kinder ersehen aus konkreten Verhältnissen, wie der christliche Glaube gewöhnliche Menschen beherrscht, wie er sie geprägt und was er ihnen gegeben hat. Der Lehrer muß freilich imstande sein, die Inhalte und Ausdrucksformen dieses Glaubens zu vermitteln.

Hier beginnen – zumal bei den Ausdrucksformen – die schon angedeuteten Schwierigkeiten; hier stecken aber auch die dankbaren Aufgaben. Der historische Hintergrund verursacht allerdings im Falle des Cyprian-Briefes noch keine sonderliche Mühe. Auch ein Lateinlehrer mit ganz konventioneller Vorbildung kennt die Ursachen, den üblichen Verlauf und das Ziel der Christenverfolgungen; er kann sich leicht, z.B. in Mommsens „Römischem Strafrecht", über die in dem Brief erwähnten Verfolgungsmittel, die Verbannungs- und Zwangsarbeitsstrafen, unterrichten usw.[7]. Anders steht es jedoch bereits mit den literarischen Zusammenhängen. Wie entwickelte sich die altchristliche Literatur, welche Gattungen pflegte sie und welchen Zwecken dienten diese Gattungen? Hier wäre ein Überblick über das Grundsätzliche vonnöten, wie ihn der dem Lateinlehrer seit je vertraute Apparat nicht gewähren kann – wohl aber Schriften wie die Abhandlung Overbecks: „Über die Anfänge der patristischen Literatur" [8].

Sodann der religiöse Inhalt und seine Ausdrucksformen. Fast jeder Satz des Briefes bezeugt in immer neuen Antithesen das Grundmotiv von den zwei Reichen des Christen, von dem Vorgriff auf die Zukunft, der allem Gegenwärtigen eine gänzlich andere Bedeutung verleiht, als sie einer ‚natürlichen' Betrachtungsweise geläufig ist. Dieses Grundmotiv entfaltet sich im ständigen Rekurs auf die Bibel, zumal auf die Briefe des Paulus, und es bedient sich hierbei einer Bildersprache, die teils – wie die *corona*, der Kranz des Soldaten – der römischen Tradition, teils – wie die goldenen und silbernen Gefäße oder die Tempel Gottes – den biblischen Schriften entstammt[9]. Eine psychologisch-moralische Würdigung des Briefes könnte bei Formulierungen wie „Ich komme in der Liebe und im Geiste" ansetzen. Der Christ wendet seine religiösen Kategorien auf den täglichen Umgang an und erschließt hiermit seelische Dimensionen, die dem Heidentum in dieser Weise nicht geläufig waren. Eine ästhetische Würdigung endlich könnte darauf hinweisen, daß der Brief so ziemlich alles enthält, was die christliche Literatur und Kunst von den Anfängen bis zum Barock konstituiert hat: die Zweckgebundenheit; die programmatische Bedeutung des Niedrigen und Häßlichen als leidende Überwindung der Welt; das universale Deutungsinstrument der Allegorie[10]. In alle diese Gegebenheiten müßte sich ein Lateinlehrer, der christliche Texte behandeln will, durch Umgang mit solchen Texten einige Einsicht verschaffen – womit man ihm indes kaum mehr zumuten würde, als z.B. einem Historiker oder Neuphilologen zugemutet wird.

Diese Darlegungen wenden sich nach zwei Seiten, sozusagen nach innen und nach außen, an die Fachkollegen und an die Allgemeinheit. Die Betrachtung der Innenseite ist nunmehr beendet. Sie hat ergeben, daß der aktuelle Zustand des Faches Latein nicht mehr zu befriedigen vermag; sie suchte den Entwurf eines möglichen Zustandes an dessen Stelle zu setzen. Hierbei ging sie von der einfachen Tatsache aus, daß die Identität der Sprache, d.h. des Lateinischen, ein Ganzes, d.h. die lateinische Literatur, konstituiere. Aus diesem Ganzen hat der Neuhumanismus auf Grund von bestimmten zeitgebundenen Prämissen einen Teil ausgegliedert; nachdem jene Prämissen fortgefallen sind, erübrigt sich die bisherige Beschränkung auf jenen Teil.

2. Die Unterrichts- und Erziehungsziele des Lateinischen

Zum zweiten Abschnitt, zur Rechtfertigung ‚nach außen', muß sofort bemerkt werden, daß, wie das hier skizzierte Konzept eines möglichen Zustandes das Bisherige nicht einfach verwirft, sondern ‚aufhebt', d.h. in sich aufnimmt, so auch die hier zu skizzierende Rechtfertigung die bisherigen Rechtfertigungen keineswegs abtun, sondern lediglich vervollständigen will – in der Perspektive, die diese Ausführungen einzunehmen suchen, stellen sich somit die bisherigen Rechtfertigungsbemühungen ebenfalls als ein Teil dar, der in einem größeren Ganzen aufgehen sollte. Allerdings, da der Gegenstand, den es hier zu rechtfertigen gilt, von anderer Beschaffenheit ist als der bisher gerechtfertigte (nicht Latein als Zugang zum antiken Rom, sondern Latein als Zugang zu einem wesentlichen Teil der europäischen Tradition soll ja gerechtfertigt werden), darf vielleicht angenommen werden, daß hierdurch auch die bisherigen Rechtfertigungsbemühungen ein anderes Gewicht, eine größere Triftigkeit erhalten.
Es empfiehlt sich wohl, bei den Zwecken, denen das Fach Latein dienen könnte, zwei Kategorien zu unterscheiden. Es handelt sich einmal um allerlei vordergründige Zwecke (man könnte sie als Unterrichtsziele bezeichnen): um Einsichten und Fähigkeiten, die das lernende Kind nicht um ihrer selbst willen erwirbt, sondern um sich hiermit für andere Zwecke zu rüsten, denen es genügen muß, wenn es der künftigen Lebenspraxis gewachsen sein soll. Es handelt sich zum anderen um das eigentliche Ziel allen erzieherischen Bemühens: um die Vermittlung dessen, was sich nicht im Hinblick auf andere Zwecke begründen läßt, was vielmehr um seiner selbst willen erstrebt wird – kurz um die Vermittlung von ‚Sinn'.

In der bisherigen Tradition des Lateinunterrichts haben offensichtlich beide Arten von Zwecken eine Rolle gespielt. Für die christliche Ära von der Spätantike bis zum Barock versteht sich diese Behauptung von selbst. Latein diente als Mittel, das den Zugang zum Sinn schlechthin, zum christlichen Glauben, erschloß, und dieser Sinn aktualisierte sich in einem lateinischen Kult und einer lateinischen Literatur. Doch auch für die humanistisch-neuhumanistische Tradition darf beansprucht werden, daß sie sich des Lateins sowohl um sekundärer als auch um primärer Zwecke willen angenommen hat; die römische Philosophie, Geschichtsschreibung und Dichtung vermittelte unbedingten Sinn im ethisch-politischen und im ästhetischen Bereich. Hierbei verdient Beachtung, daß alle diese Zwecke – die Unterrichtsziele ebenso wie das eigentliche Erziehungsziel, die Sinnerfahrung – niemals gleichsam ein Monopol des Lateins gewesen sind und folglich niemals ausgereicht haben, die Erlernung des Lateinischen als zwingende Notwendigkeit erscheinen zu lassen. Wohl aber war Latein fest mit bestimmten Ständen, Berufen oder besser Lebensformen verbunden – mit dem Stande des Klerikers und später des Gymnasiallehrers –, und diese Stände traten sozusagen offiziell für das ein, was allgemein als unbedingter Sinn im Leben des Einzelnen wie der Gemeinschaft hingenommen und anerkannt wurde: der Kleriker für den christlichen Glauben und der Gymnasiallehrer der neuhumanistischen Epoche für ein bestimmtes Staatsethos.

Hiermit ist wohl der neuralgische Punkt bezeichnet, der die gegenwärtige Bedrängnis des Lateinischen verursacht: Es gibt keinen Stand von erheblicher Bedeutung mehr, der das Lateinische gleichsam verkörperte. Und vor allem: Es gibt keine öffentliche Instanz mehr, die sich anmaßen dürfte, der Allgemeinheit und folglich jedem einzelnen bestimmte Inhalte als unbedingt sinnhaft vorzuschreiben oder einzuimpfen. Die Religionskriege haben die christlichen Kirchen kompromittiert, und die Aufklärung forderte Toleranz und Glaubensfreiheit; die Weltkriege haben den europäischen Nationalstaat kompromittiert, und die gegenwärtige öffentliche Meinung verbittet sich jedwede von oben verordnete politisch-moralische Indoktrination. Dies ist unser historischer Standort; er verdient uneingeschränkt anerkannt zu werden. Aus ihm ergibt sich übrigens die eigentliche Begründung dafür, daß die Aussonderung der christlichen Tradition aus dem öffentlichen Schulwesen (abgesehen vom Reservat des Religionsunterrichts) zum Anachronismus geworden ist. Sie ist das Resultat von Autonomieansprüchen, welche der Staat, die Gesellschaft und das Individuum gegen kirchliche Allmacht durchgesetzt haben; jetzt, da aller in unseren Bildungseinrichtungen vermittelter Sinn zum ‚Angebot' depotenziert ist, besteht kein Grund mehr, die christliche Religion von diesem Angebot auszuschließen.

Ebensowenig wie von oben verordnete Inhalte sollte es noch einen Stand geben, der die Spezialität des Lateinischen (oder richtiger der alten Sprachen) zu einer Art Existenzform macht – wie der Altphilologe als beherrschender Typ des neuhumanistischen Gymnasiums. Der Altphilologe sollte vielmehr denselben Horizont haben und mit denselben Begriffen und Methoden hantieren wie seine nächsten Kollegen, die Neuphilologen und Historiker – sie alle suchen ja wichtige Teile dessen zu vermitteln, was hier als ‚europäische Tradition' bezeichnet wird. Innerhalb dieses Ensembles aber sollte dem Altphilologen, jedenfalls dem Lateinlehrer, ein selbstverständlicher Platz gebühren. Dies ist im Hinblick auf die Lehre von der Chancengleichheit und ähnliche egalisierende Bestrebungen der Gegenwart gesagt. Ihnen scheint die Vorstellung zugrunde zu liegen, daß alle Menschen mit dem gleichen Maß eines bestimmten intellektuellen Habitus gemessen werden könnten und sollten, und da das Maß nicht eben allzu groß sein darf, sind zumal die alten Sprachen der Gefahr ausgesetzt, zu unnützem Ballast deklariert zu werden. Die Lehre von der Chancengleichheit und Ähnliches sind nicht frei von Demagogie. Die menschliche Gesellschaft hat bisher stets eine Vielfalt von Existenzformen gekannt, die sich nicht miteinander verrechnen ließen, die in sich geschlossen und keiner Ergänzung von außen bedürftig waren, und es darf bezweifelt werden, daß sich hieran Grundsätzliches ändern wird. Gewiß, Handwerker und Bauern im herkömmlichen Sinne gibt es nicht mehr oder wird es bald nicht mehr geben. An ihre Stelle sind aber die Industriearbeiter und die Ingenieure getreten, und was in diesen Existenzformen als unheilvoll erlebt wird, muß man wohl an ihnen selbst zu heilen versuchen, nicht durch die Überführung in eine andere Existenzform.

Zurück zur Sache, zu den Zwecken des Lateins als eines der Fächer, die ‚Sinn' vermitteln sollen. Es gibt jetzt zwar keine öffentliche Instanz mehr, die befugt wäre, bestimmte Inhalte als für die Allgemeinheit verbindlich hinzustellen. Hieraus folgt indes nicht, daß der einzelne ohne den Vollzug und die Aneignung zweckfreier, aus sich selbst evidenter, durch sich selbst sich begründender Gegebenheiten, kurz, ohne Sinn zu leben vermöchte. Er ist lediglich stärker als je zuvor aufgerufen, diesen Sinn selbst und aus eigener Wahl zu erfassen und sich selbst und sein Leben als sinnvolle Einheit, als Individualität, zu aktualisieren, und hierbei bedarf er, solange er jung ist, der Führung durch Eltern und Lehrer – diese elementare Tatsache wird zumal von denen übersehen, die für jede Konkretisierung von Sinn den Kampfruf der Manipulation bereithalten. Von den Bereichen, die für die Erfahrung zweckfreien, unbedingten Sinnes in Betracht kommen – die Erkenntnis von Wahrheit, das gute Handeln, die Liebe, die Kunst, der Staat, die Religion –, sind gewiß das gute Handeln und die Liebe jedermann unmittelbar zugänglich; die übrigen Bereiche hingegen scheinen nicht oder nicht mehr selbstverständlicher Allgemeinbesitz zu sein.

Doch zunächst von den vordergründigen Zwecken des Lateinischen, von den Unterrichtszielen. Auf diesem Gebiet hat die gegenwärtige exponierte Lage des Faches eine heilsame Selbstbesinnung herbeigeführt. Es sind Kataloge entstanden, die plausibel darlegen, was das Lateinische für die Ausbildung des Intellekts zu leisten vermag [11]. Es genügt in diesem Zusammenhang, das Wichtigste kurz anzudeuten. Zunächst hat Latein noch stets einen nicht unerheblichen wissenschaftlichen Nutzwert. Es kommt hierbei nicht so sehr darauf an, ob und in welchem Maße Lateinkenntnisse noch eine zwingende Voraussetzung für bestimmte Studiengänge sind; wichtiger ist vielmehr, daß sich derlei Kenntnisse in zahlreichen Disziplinen spürbar fördernd und erleichternd auswirken. Dasselbe gilt für die modernen Fremdsprachen, und zwar nicht nur für die romanischen, sondern – hauptsächlich wegen des Wortschatzes – auch für das Englische. Ferner der wissenschaftspropädeutische Wert der Sprachschulung. Die Distanz des Lateinischen zwingt dazu, daß man sich die sprachlichen Strukturen in allen ihren Bezügen bewußt macht; hierdurch erhält man Einsicht in das Funktionieren von Sprache schlechthin, und das Übersetzen schult das muttersprachliche Ausdrucksvermögen. Bei alledem hat Latein keine Konkurrenz im Fächerkanon. Im Unterschied zu den modernen Fremdsprachen sind Phonetik und Orthographie, Angelegenheiten bloßer Routine, kein Problem, und auf aktive Beherrschung kommt es nicht an; im Unterschied zur Mathematik müssen nicht nur abstrakte Elemente (wie die Flexionsendungen), sondern auch die inhaltlichen Merkmale erfaßt werden. Überdies eignet sich gerade Latein für den Abbau milieubedingter Barrieren. Wie eine sorgfältig durchgeführte Untersuchung zumal im Ruhrgebiet gezeigt hat [12], ist der Vorwurf, Latein, angeblich ein Relikt asozialen Kastendünkels, verschlechtere die Aufstiegschancen, gänzlich unbegründet – erstaunlicherweise haben zumal die Kinder von Selbständigen Schwierigkeiten mit Latein (und Mathematik), während Arbeiterkinder zwar bei Deutsch und Französisch, nicht aber bei Latein verhältnismäßig ungünstig abschneiden. Augenscheinlich (die ebenfalls mit Latein erfolgreichen Beamtenkinder verstärken diesen Eindruck) kommt es nicht so sehr auf das Wissen der Eltern wie auf den Erziehungsstil an: Gerade in Mathematik und Latein sind die einzelnen Pensen eng aufeinander bezogen; diese Fächer erfordern daher eine regelmäßige Beteiligung von gleichbleibender Intensität.

Nun zu den Erziehungszielen, zur Vermittlung von Sinn. Dieser Sinn ist in Texten objektiviert; die Texte müssen erfaßt, verstanden werden, und hierzu verhilft das Instrumentarium der Interpretation, der philologisch-historischen Hermeneutik. Die heutige Reflexion des Faches hebt vor allem das relativierende Moment hervor, das der Umgang mit lateinischen Texten dem lernenden Kinde widerfahren lasse: das Gegenbild Roms sei durch seine Distanz geeignet, ohne Emotionen den eigenen Standpunkt zu klären, die Bedingtheit aller menschlichen Anschauungen und Verhältnisse darzutun usw. Diese Bescheidung geht gewiß auch darauf zurück, daß der Lateinunterricht allzu lange allzu intensiv auf einer angeblichen oder wirklichen Vorbildlichkeit der großen Männer Roms insistiert hat. Sie scheint jedoch vor allem dadurch verursacht zu sein, daß die Zeiten sich geändert haben, während die Texte dieselben geblieben sind, und daß sich das heutige Kind, wie die Erfahrung lehrt, beim besten Willen nicht mehr mit den Inhalten dieser Texte zu identifizieren vermag. Die Texte können also nur noch als Kontrast, als Spiegel einer anderen Welt plausibel gemacht werden. Sie entstammen zum größten Teil der Geschichtsschreibung und der Philosophie; sie schildern die Dinge aus der Sicht eines Feldherrn oder Philosophen, von einer Warte also, die dem heutigen Kinde (und nicht nur dem heutigen!) schwer zugänglich ist. Mit anderen Worten: Der lateinische Lektüreunterricht, der gewiß auch das Fremde vorführen muß, krankt gegenwärtig an einem zu geringen Angebot von Identifikationsmöglichkeiten, krankt daran, daß das Kind den Sinn der Texte meist nur als den Sinn anderer begreifen, nicht auch als für sich selbst sinnhaft erleben kann.

Das Beispiel des Cyprian-Briefes ist von anderer Art als die Feldzugsberichte und die abstrakten Räsonnements, die jetzt den Lektüreunterricht beherrschen. Gewiß bringt auch dieser Text des Fremden genug. Er enthält indes eine günstige Ausgangsposition für einen Anteil nehmenden Vollzug des Kindes. Er handelt von gewöhnlichen Menschen, die um ihrer Überzeugung willen verfolgt werden und denen jemand Trost spendet. Dieser Trost sucht schwerem Leid einen Sinn zu geben, einen religiösen Sinn. Nun mag man sich fragen, wie viele der heutigen Kinder solch religiöser Sinn noch unmittelbar erreicht. Dann wäre zu zeigen, daß sich das Verhalten der Beteiligten nicht in ihrem Glauben an ein besseres Jenseits erschöpft hat, daß vielmehr die moralisch-politische Dimension hiermit verbunden, hierin aufgehoben war. So hat z.B. Cyprian die Verfolgten nicht nur mit Worten getröstet, sondern ihnen auch nach Kräften materielle Hilfe zukommen lassen. Sein eigener Brief gedenkt dieser Hilfe mit keinem Wort, aber die Dankschreiben der Adressaten, die ebenfalls überliefert sind, berichten davon[13]. Solch Füreinandereinstehen, ein Kernstück der Religion selbst, hatte im Römerreich eine Folie, die von den damaligen Christen als überaus düster empfunden wurde. Als Beweis könnte wiederum Cyprian, seine Schrift an einen Freund namens Donatus, dienen[14]. Dort findet man die in jener Zeit üblichen christlichen Anklagen von Krieg und Gewalt, von Zügellosigkeit, Korruption und Grausamkeit – Anklagen, die man im Hinblick z.B. auf die Gladiatorenkämpfe und Tierhetzen nicht pauschal als überspannt abtun kann. Wenn der Unterricht derlei Betrachtungen in die Interpretation einbezieht, dann vermag der Cyprian-Text wohl auch zu denen zu sprechen, denen der primäre religiöse Gehalt verschlossen ist – nicht nur im Sinne von ‚kritischer Reflexion' und wie die heute gebräuchlichen Formeln sonst lauten, sondern auch im Sinne von Anteilnahme, Mitgefühl und Achtung.

Die hier vorgetragenen Erwägungen sollen nicht darüber hinwegtäuschen, daß das Fach Latein keine der genannten Fähigkeiten und Sinnerfahrungen für sich allein beanspruchen kann – weder in seiner jetzigen noch in einer möglichen künftigen Gestalt. Ein Denken, das auf eindeutige, streng geschiedene Funktionen dringt, mag hierdurch beunruhigt werden. Ihm läßt sich jedoch entgegenhalten, daß gerade die Vielfalt der Berührungen mit anderen Fächern und überdies die eigene Vielseitigkeit (‚Multivalenz' lautet ein hierfür geprägter moderner Kunstausdruck) erhebliche Vorteile sind – man könnte das Studium des Lateinischen mit der Ausbildung eines Fünfkämpfers vergleichen, der sich ja ebenfalls auf verschiedenen Gebieten hervortun muß. Und wenn sich der Sinn des Lateinischen (wie übrigens auch der Sinn manches anderen Faches) nicht zwingend begründen läßt, so verdient Beachtung, daß auch das Gegenteil zutrifft: Der Sinn des Lateinischen läßt sich nicht zwingend bestreiten. Räsonnements, die in diese Richtung zielen, beruhen auf Vorurteilen, dem Egoismus anderer Fächer, Wohlstandsbequemlichkeit und anderen falschen Voraussetzungen.

Man darf annehmen, daß die gegenwärtige Polemik gegen das Lateinische verstummt und die gegenwärtige Krise des Lateinischen überwunden wird, sobald sich einerseits das Lateinische selbst wieder in einer zeitgemäßen Gestalt präsentiert und andererseits die allzu ehrgeizigen Ziele der allgemeinen Bildungsreform durch die Erfahrung auf das Maß des Möglichen reduziert sind. Das Lateinische (und hoffentlich auch das Griechische) wird dann wieder einen selbstverständlichen Platz unter den Fächern einnehmen, die einer bestimmten, einer spezifisch intellektuellen Existenzform des Menschen bestimmte Fähigkeiten und Sinnerfahrungen vermitteln – Sinnerfahrungen in den Bereichen der Erkenntnis von Wahrheit, der Kunst, des Staates und der Religion.

Anmerkungen

[1] P. Koschaker, Europa und das römische Recht, München–Berlin 1966[4]. E. R. Curtius, Europäische Literatur und lateinisches Mittelalter, Bern 1967[6].

[2] Cyprianus, Opera omnia II, hrsg. von W. Hartel (Corpus Scriptorum Ecclesiasticorum Latinorum 3, 2), Wien 1871, Epistula 76, 1–2. Der Text des Originals ist u. S. 81 f. abgedruckt.

[3] A.a.O., S. 58 ff. (Die Schulautoren). 253 ff. (Klassik).

[4] J. W. von Goethe, Winckelmann und sein Jahrhundert (1805): Antikes, Gedenkausgabe der Werke, Briefe und Gespräche, hrsg. von E. Beutler, Bd. 13: Schriften zur Kunst, Zürich–Stuttgart 1965², S. 416–419.

[5] Zum Folgenden s. o. S. 38 ff.

[6] Anders z. B. A. Fitzek, Geistige Grundlagen Europas – Lateinisches Lesebuch für die Oberstufe (Text und Kommentar), Frankfurt/M. 1968⁴. Diese Auswahl bevorzugt – bei aller Aufgeschlossenheit für die christliche Tradition – zu sehr das Abstrakte, historisch Bedeutsame und Monumentale.

[7] Zu den Christenverfolgungen s. z. B. A. Wlosok, Rom und die Christen – Zur Auseinandersetzung zwischen Christentum und römischem Staat, in: Der altsprachliche Unterricht 13, Beiheft 1 (1970). Zu den Verbannungs- und Zwangsarbeitsstrafen s. Th. Mommsen, Römisches Strafrecht, Leipzig 1899 (Nachdruck Darmstadt 1955), S. 964 ff. 949 ff.

[8] F. Overbeck, Über die Anfänge der patristischen Literatur, in: Historische Zeitschrift 48 (1882), S. 417–472 = Libelli 15, Darmstadt 1954.

[9] Die goldenen und silbernen Gefäße: 2. Mos. 11, 2 und 12, 35. Röm. 9, 21 ff. u. ö. (Menschen als ‚Gefäße'). Der Leib des Christen als Tempel Gottes: 1. Kor. 3, 16 und 6, 19. 2. Kor. 6, 16. Eph. 2, 21. Doch nicht vom Brot allein lebt der Mensch: 5. Mos. 8, 3 = Mt. 4, 4. Nach dem Wort des seligen Apostels: Phil. 3, 21.

[10] S. hierzu M. Fuhrmann, Ad galli cantum – Ein Hymnus des Prudenz als Paradigma christlicher Dichtung, in: Der altsprachliche Unterricht 14, 3 (1971), S. 89 ff.

[11] S. z. B. A. Clasen, Wozu Latein – Wie ist sein Platz im modernen Curriculum zu begründen?, in: Kollegstufenarbeit in den Alten Sprachen, hrsg. von K. Bayer–K. Westphalen, München 1971, S. 26—33 (dort weitere Literatur).

[12] S. H.-Th. Johann, Latein unerwünscht? – Ergebnisse einer Schülerbefragung, in: Mitteilungsblatt des Deutschen Altphilologenverbandes 16 (1973), Nr. 1, S. 14–21; s. bes. S. 15.

[13] Cyprianus, ed. cit., Epistula 77, 3. 78, 3.

[14] Ad Donatum 6 ff., in: Cyprianus, Opera omnia I, hrsg. von W. Hartel (Corpus Scriptorum Ecclesiasticorum Latinorum 3, 1), Wien 1868.

Anhang:

Cyprianus, Epistula 76, 1–2

Cyprianus Nemesiano Felici Lucio alteri Felici Litteo Poliano Victori Iaderi Dativo coepiscopis, item compresbyteris et diaconibus et ceteris fratribus in metallo constitutis, martyribus Dei patris omnipotentis et Iesu Christi Domini nostri et Dei conservatoris nostri aeternam salutem.

Gloria quidem vestra poscebat, beatissimi et dilectissimi fratres, ut ad conspectum atque ad complexum vestrum venire ipse deberem, nisi me quoque ob confessionem nominis relegatum praefiniti loci termini coercerent. Sed quomodo possum, repraesento me vobis et ad vos, etiamsi corpore et gressu venire non datur, dilectione tamen et spiritu venio exprimens litteris animum meum, quo in istis virtutibus et laudibus vestris laetus exsulto, participem me computans vobis, etsi non passione corporis, consortio caritatis. An ego possim tacere et vocem meam silentio premere, cum de carissimis meis tam multa et gloriosa cognoscam, quibus vos divina dignatio honoravit, ut ex vobis pars iam martyrii sui consummatione praecesserit meritorum suorum coronam de Domino receptura, pars adhuc in carcerum claustris sive in metallis et vinculis demoretur exhibens per ipsas suppliciorum moras corroborandis fratribus et armandis maiora documenta, ad meritorum titulos ampliores tormentorum tarditate proficiens, habituri tot mercedes in caelestibus praemiis, quot nunc dies numeratis in poenis?

. . .

Quod autem fustibus caesi prius graviter et afflicti per eiusmodi poenas initiastis confessionis vestrae religiosa primordia, exsecranda nobis ista res non est. Neque enim ad fustes christianum corpus expavit, cuius est spes omnis in ligno. Sacramentum salutis suae Christi servus agnovit: redemptus ligno ad vitam aeternam ligno provectus est ad coronam. Quid vero mirum, si vasa aurea et argentea in metallum, id est auri et argenti domicilium, dati estis, nisi quod nunc metallorum natura conversa est locaque, quae aurum et argentum dare ante consueverant, accipere coeperunt? Imposuerunt quoque compedes pedibus vestris et membra felicia ac Dei templa infamibus vinculis ligaverunt, quasi cum corpore ligetur et spiritus aut aurum vestrum ferri contagione maculetur. Dicatis Deo hominibus et fidem suam religiosa virtute testantibus ornamenta sunt ista, non vincula, nec christianorum pedes ad infamiam copulant, sed clarificant ad coronam. O pedes feliciter vincti, qui non a fabro, sed a Domino resolvuntur! O pedes feliciter vincti, qui itinere salutari ad paradisum diriguntur! O pedes in saeculo ad praesens ligati, ut sint semper apud Deum liberi! O pedes compedibus et traversariis interim cunctabundi, sed celeriter ad Christum glorioso itinere cursuri! Quantum vult, hic vel invida crudelitas vel maligna nexibus vos suis et vinculis teneat, cito a terris et poenis istis ad caelorum regna venietis. Non fovetur in metallis lecto et culcitis corpus, sed refrigerio et solacio Christi fovetur. Humi iacent fessa laboribus viscera, sed poena non est cum Christo iacere. Squalent sine balneis membra situ et sorde deformia, sed spiritaliter intus abluitur, quando foris carnaliter sordidatur. Panis illic exiguus, at non in pane solo vivit homo, sed in sermone Dei. Vestis algentibus deest, sed qui Christum induit, et vestitus abundanter et cultus est. Semitonsi capitis capillus horrescit, sed cum sit caput viri Christus, qualecumque illud caput deceat necesse est, quod ob Domini nomen insigne est. Omnis ista deformitas detestabilis et taetra gentilibus quali splendore pensabitur! Saecularis haec et brevis poena quam clari et aeterni honoris mercede mutabitur, cum secundum beati apostoli vocem transformaverit Dominus corpus humilitatis nostrae conformatum corpori claritatis suae!

Cäsar oder Erasmus?
Überlegungen zur lateinischen Anfangslektüre

1. Die bisherige Anfangslektüre: Cäsar und Cäsar-Ersatz

„On le proclame depuis vingt ans et tous les collègues que nous avons interrogés l'ont reconnu, les élèves ne sont plus capables d'affronter César à leur sortie de 5e" – so läßt sich Rousselet, ein französischer Didaktiker des Lateinischen, vernehmen, und er führt, sein Urteil zu begründen, weiterhin aus: „Nous avons . . . interrogé, suivant les procédés du Gallup, un certain nombre d'étudiants de Propédeutique. La plupart n'avaient sur la Guerre des Gaules que le souvenir de longs discours, d'une stratégie obscure, de batailles sans couleurs, et l'un d'eux . . . insistait sur l'impossibilité où se trouve le chercheur moderne de satisfaire sa curiosité: la querelle d'Alésia le prouve. Un autre nous dressa le bilan de son ennui, pour avoir mis des semaines à se rendre – quam maximis itineribus! – de Besançon à Dijon [1]."

Rousselet steht mit seinen Bedenken nicht allein. Ich kann zwar hierfür nur deutsche Gewährsleute nennen. Ich bitte um Verständnis. Auf den Höhen der Wissenschaft weht internationale Luft. Wer sich, wie ich in diesem Referat, in den ‚Niederungen' der Didaktik bewegt, muß sich meist mit einheimischer Kost begnügen. Nun einige Proben aus dieser Kost.

Friedrich Leo erklärte im Jahre 1910: „Was Cäsar angeht, so muß ich denen recht geben, die ihn der Schule fernzuhalten wünschen. Gewiß, er hat die Einfachheit des Gewaltigen, dessen Worte Taten sind . . . Aber die Art der Kriegsführung, die Tendenz des Berichtes muß junge Seelen abstoßen, das Buch ist nur von der großen Politik her richtig zu verstehen. Und es ist und bleibt eine Bizarrerie, daß der große Cäsar pueros elementa docet [2]."

Der Pädagoge Hartmut von Hentig schrieb im Jahre 1966: „Wenn man nach einem halben Jahr, nachdem die Helvetier mühsam besiegt worden sind, einmal fragte, ob denn der Cäsar Freude mache, wird man bei genauerem Hinhören nur erfahren, wie beliebt der Lehrer ist, und nicht, wie der Schüler zur Sache steht. Die Sache ist nicht vorhanden – denn sie ist ihm nicht adäquat. Der einfache Beweis dafür ist, daß man einem Dreizehn- bis Vierzehnjährigen eine deutsche Ausgabe von Cäsar nicht in die Hand geben und erwarten kann, daß er sie mit Interesse liest [3]."

Um schließlich noch einen anwesenden Zeugen ins Feld zu führen, Walter Ludwig hat sich zu unserem Problem vor nunmehr fünf Jahren wie folgt geäußert: „Ich fürchte, heiligste Güter anzugreifen, wenn ich mit der Meinung herausrücke, die Schule könne auch ohne Caesars Bellum Gallicum auskommen. Daß sich der Schüler zuerst durch den Gallischen Krieg zu quälen habe, ist ein so festgewurzeltes Dogma, daß es zu beweifeln barer Unverstand zu sein scheint. Man meint: ‚Anfangslektüre wird Caesar immer bleiben müssen wegen der Klarheit und der relativen Einfachheit der Diktion', und weiß dabei wohl nicht, daß dieses Dogma verhältnismäßig jungen Ursprungs ist ... Auch ist es gar nicht so, daß die Schüler oder gar die Schülerinnen heute an den Feldzugsschilderungen einen besonderen Spaß hätten. Im Gegenteil, die Caesarlektüre verursacht oft eine bleibende Enttäuschung am Latein, da der Schüler, der gehofft hatte, die Autorenlektüre werde die grammatische Arbeit der ersten Jahre lohnen, sich nun durch diesen Text durchzurackern hat, ohne das Gefühl zu haben, daß er irgendwie für ihn selbst relevant sei[4]."

Cäsar ist fast ein Parvenu unter den Schulschriftstellern. Er teilt sich freilich mit Sallust und Tacitus in diese Rolle: Drei der vier ‚Großen' unter den römischen Historikern haben erst im 19. Jahrhundert ihre jetzige Geltung erlangt. Bis dahin bevorzugte man – außer Cornelius Nepos und Livius – die Alexandergeschichte des Curtius Rufus, den Auszug Justins, die Kompendien eines Eutrop oder Aurelius Victor. Cäsar hingegen war damals teils historische Quelle, teils Fachschriftsteller; er wurde vor allem zu militärischen Zwecken studiert. Die Schulreglements des 16., 17. und 18. Jahrhunderts erwähnen ihn nur selten, und wenn sie ihn erwähnen, dann weisen sie ihn gewöhnlich den oberen Klassen zu[5]. Daß Cäsar nicht in die Hände von Kindern gehöre, scheint übrigens auch Erasmus angenommen zu haben. Er nennt ihn unter den Autoren, aus denen die Jugend ihr Latein erlernen solle, an fünfter und letzter Stelle – nach Terenz, Vergil, Horaz und Cicero[6].

Cäsar ist, seit er zum Schulautor avancierte, lebhaft umstritten; die hier erwähnten Proteste haben Vorläufer in der Diskussion des 19. Jahrhunderts[7]. Die Argumente der Befürworter kreisen um das Werk selbst; sie gründen sich auf dessen ‚objektive' Vorzüge. Cäsars Sprache, sein Stil, so pflegt es zu heißen, zeichne sich durch Einfachheit, Klarheit, Natürlichkeit aus; eine ganz neue Stimme vermag im Gallischen Krieg sogar die jetzt modische pädagogische Kategorie des ‚Elementaren' zu entdecken[8]. Der Gegenstand aber, wissen die Cäsar-Befürworter weiterhin zu rühmen, sei ein Dokument, ihm eigne – im Gegensatz etwa zu Curtius Rufus – von Anfang bis Ende uneingeschränkte Historizität, und er sei bedeutend, sei ‚groß', weil er den ‚großen' Cäsar zum Mittelpunkt habe, weil er das

'Römertum' erschließe[9]. Nun zu den Cäsar-Gegnern. Sie rekurrieren nicht auf das Werk, sondern auf das Publikum, dem dieses Werk zugemutet wird – also auf die jungen Gymnasiasten. Und sie bedienen sich folgerichtig nicht werkimmanenter Kriterien; sie führen rezeptionsästhetische Kategorien ins Feld. Dem Dreizehn- bis Vierzehnjährigen, so erklären sie, fehle jedes Verständnis für Form und Inhalt des Gallischen Krieges; die Sprache erscheine seinem freudlosen Bemühen als öde Plackerei, und der Gegenstand – monotone kriegerische Operationen, die einer niederträchtigen Machtpolitik dienen – erzeuge bei ihm teils Langeweile, teils Abscheu und Widerwillen. Unter den publikumsbezogenen Argumenten der Cäsar-Gegner ist eines so gewichtig, daß selbst ein eingefleischter Befürworter vor ihm die Waffen streckt: „Gewiß, es können Schwierigkeiten auftreten", heißt es lapidar in einer führenden deutschen Methodik des altsprachlichen Unterrichts, „wenn man mit Mädchenklassen Caesar liest[10]." Auch Rousselet befaßt sich mit diesem Problem, und ich sehe nicht, wie sich seine nüchterne Feststellung widerlegen ließe: „Les femmes constituent la moitié du genre humain, et chez nous du monde scolaire, démain elles représenteront les trois quarts des enseignants." Und er folgert daraus, man möge doch ein Programm ersinnen „donnant de la civilisation latine une image plus humaine et plus édifiante que les sempiternels récits guerriers[11]."

Hier werkimmanente Kriterien, dort die Rücksicht auf das Fassungsvermögen und die Antriebe oder – wie man jetzt zu sagen pflegt – die Motivation der Schüler: Wie ersichtlich, reden die Befürworter und die Gegner der Cäsar-Lektüre weithin aneinander vorbei. Unausgesprochen scheint sich hinter der Kontroverse ein Gegensatz der pädagogischen Haltungen zu verbergen: hier ein eher autoritärer Stil, der das für richtig Erkannte auf Biegen oder Brechen einzuexerzieren sucht; dort ein liberaler Standpunkt, der – bei allem Respekt vor der Sache, die gelehrt werden muß – dem Kinde läßt, was des Kindes ist. Jene mehr autoritären Altphilologen können sich übrigens nicht auf die pädagogischen Grundsätze des europäischen Humanismus berufen, jedenfalls nicht auf Erasmus. Denn Erasmus war der Meinung, daß die Mühe des Lernens als Spiel erscheinen müsse, und er versicherte mit Emphase, der Lehrer müsse vor allem solche Unterrichtsstoffe verwenden, die den Schülern Freude machten und für sie geeignet seien; er müsse das für eine jede Altersstufe Angemessene auswählen – für die Jugend sei Lustiges und Heiteres angemessen[12].

Nun haben die Cäsar-Befürworter bislang die Oberhand behalten – jedenfalls in den deutschsprachigen Ländern, und offenbar ebenso in Frankreich. Man kann hierfür gewiß auch das Trägheitsmoment verantwortlich machen, das allem Institutionellen anhaftet. Was einmal in die Lehrpläne gelangt ist, läßt sich nicht so leicht daraus vertreiben. Außerdem legen viele

Altphilologen in eigener Person Zeugnis dafür ab, wie stark die Bildung, die sie vermitteln und die ihnen selbst zuteil geworden ist, zu prägen vermag: Sie haben ihre ‚Grundsätze'; sie prangern epochale Veränderungen des Bewußtseins, wenn sie sie überhaupt bemerken, als ‚Mode' an; sie meinen, man mache sich der ‚Anpassung' schuldig, wenn man auf diese Veränderungen Bedacht nehme. Die sicherste Bastion indes – eine Bastion, die geeignet scheint, den Schriftsteller Cäsar gegen noch so wirksame Angriffe zu schützen – ist von anderer Art. Man gerät in Verlegenheit, wenn man Autoren benennen soll, die man Dreizehn- bis Vierzehnjährigen an Stelle Cäsars vorsetzen könnte. Wenn nicht Cäsar, was dann? Ich halte diese Notlage für erheblich; sie ist vielleicht die ärgste Malaise, die Crux schlechthin des Lateinunterrichts.

Man hat die Schwierigkeit längst bemerkt. Die lateinische Literatur der Antike ist notorisch arm an Werken, die sich für Kinder eignen; sie enthält nichts, was sich mit den „Lettres de mon moulin" oder gar mit dem „Petit Prince" vergleichen ließe – mit Erzeugnissen also, zu denen die Französischlehrer, von ähnlicher Not getrieben, gern ihre Zuflucht nehmen. ‚Cäsar ist unersetzlich' frohlocken daher die Befürworter; die Gegner aber haben bislang nur wenige und nicht durchweg überzeugende Aushilfen vorzuschlagen gewußt. So verweisen sie gern auf ein einführendes Lesebuch; Rousselet zumal schildert dieses auch von ihm geforderte Hilfsmittel in den leuchtendsten Farben[13]. Allein, ein solches für die Anfangslektüre geeignetes Lesebuch existiert noch nicht, und es ist nicht leicht vorstellbar, wie man es mit einerseits originalen, andererseits für Kinder tauglichen Texten füllen könnte. Man hat weiterhin – so Leo – Phädrus vorgeschlagen, und außerdem das 1. Buch des Livius, das, wie Leo meint, ein „richtiges Kinderbuch" sei. Und schließlich Ludwig: Er glaubt, man könne getrost mit einer Cicero-Rede oder einer Komödie des Terenz beginnen[14]. Nun ist Phädrus gewiß geeignet – doch reicht er aus? Wie viele Stunden lassen sich mit ihm bestreiten, ohne daß die Kinder der Wölfe, Lämmer, Frösche, Ochsen usw. überdrüssig werden? Die Reden Ciceros aber und das 1. Buch des Livius: Sind sie wirklich leicht genug? Gesucht wird doch eine Lektüre, die leichter ist als Cäsar, nicht ebenso schwierig oder gar ein wenig schwieriger.

So bleibt Terenz[15]. Dieser Vorschlag verdient ernsthaft erwogen zu werden, oder richtiger, dessen bedarf es eigentlich gar nicht mehr. Terenz figuriert als erster Autor im Kanon des Erasmus; Terenz hat überhaupt bis zum Beginn des 19. Jahrhunderts die Stelle eingenommen, die jetzt Cäsar innehat. Sein Wortschatz ist nicht größer als der Cäsars, und statt der Kampfvokabeln, von denen der Gallische Krieg strotzt (*proelium, pugna, exercitus* usw. begegnen in allen Komödien insgesamt zehnmal), findet der

Schüler bei Terenz Wörter wie *amor* und *gaudium,* wie *pater* und *filius,* wie *bonus* und *malus* – lauter Kategorien, die er im Cäsar mit der Lupe suchen muß. Der Satzbau ist einfacher, die Sätze sind wesentlich kürzer als bei Cäsar; außerdem bringt der Dialog oft mancherlei Wiederholungen von Satzelementen mit sich – eine Tatsache, die sich überaus günstig auf das Tempo der Lektüre auswirkt. Die Stoffe endlich spiegeln die Alltagswelt – wobei die Sklaven- und Hetärenrollen und zumal das launische Spiel des Zufalls dafür sorgen, daß die erforderliche Distanz gewahrt bleibt; die Stoffe befassen sich überdies mit Themen, die nicht außerhalb des Horizonts Heranwachsender liegen und die Jungen wie Mädchen in gleicher Weise anzusprechen vermögen.

2. Die kleinen Gattungen der lateinischen Tradition

Die Suche nach einem brauchbaren Cäsar-Ersatz ist beendet: Phädrus und Terenz, allenfalls noch das eine oder andere Stück von Plautus – so lautet das bescheidene Fazit. Und wenn ein Lehrer nicht jedes Jahr eine Komödie lesen mag, wenn er sich einer Klasse gegenübersieht, der es für die dort verhandelten Liebesaffären notorisch an Reife fehlt, wenn er auch nach der Lektüre einer Komödie, die etwa vier Monate beanspruchen mag, noch nicht an Cicero, Sallust oder Livius heranzugehen wagt: was dann? In allen diesen und manchen ähnlichen Fällen versagt die lateinische Literatur der Antike. Hier müßte man also, wollte man Abhilfe schaffen, in anderen Epochen Ausschau halten. Ein verwegener Gedanke – gilt es doch als höchstes Ziel des Lateinunterrichts, die Literatur der Römer zu erschließen. Allein die Frage, wie verwegen dieser Gedanke ist, soll hier nicht geprüft werden; hier steht einzig das didaktische Problem zur Debatte: Wo finden sich Texte, die leicht sind und dreizehn- bis vierzehnjährige Schüler und Schülerinnen etwas angehen; wo finden sich Texte, die nicht im Gewande einer schwierigen fremden Sprache obendrein noch schwierige fremde Gegenstände darbieten, die entweder der Phantasie Nahrung geben oder im vertrauten Milieu des Alltags Allgemein-Menschliches behandeln?
Die Spätantike ist kaum ergiebiger als die Antike selbst. Sie hat nur ein einziges in sprachlicher Hinsicht wirklich leichtes Werk hinterlassen: die Vulgata. Doch im Mittelalter und erst recht in der frühen Neuzeit ändert sich das Bild. Dort trifft man auf eine Fülle von Texten, die leicht, gefällig, bedeutend und für Heranwachsende geeignet sind. Das Wichtigste soll sogleich Revue passieren; zuvor aber scheint es angezeigt, einen Begriff ein-

zuführen, unter den sich vieles von diesem Wichtigsten subsumieren läßt: den Begriff ‚kleine Gattungen'. Der Ausdruck deckt sich ungefähr mit dem, was man – seit einem bekannten Buch des Germanisten André Jolles – als ‚einfache Formen' zu bezeichnen pflegt[16]. Eine exakte Definition ist nicht möglich. Es gibt kleine Gattungen sowohl in Versen als auch in Prosa; sie sind teils selbständig, teils – wie das Exempel in der antiken Tradition oder Jesu Gleichnisse bei den Synoptikern – unselbständig, d.h. sie haben als in sich geschlossene Gebilde eine Funktion in einem größeren Darstellungs- oder Argumentationszusammenhang. Manches, das dem Bereich der kleinen Gattungen angehört, ist anonym überliefert; vieles läßt sich treffend als ‚para-' oder ‚subliterarisch' charakterisieren. Der Umfang kleiner Gattungen reicht von einer Zeile bis zu einer Textseite. In diesen Rahmen fügen sich jedenfalls das Sprichwort und die Sentenz, die Fabel, das Apophthegma, die Anekdote, der Witz und das Rätsel, der Kasus der römischen Juristen und die Typologie nach Art des Physiologus; man kann, wenn man die Bestimmung der oberen Grenze großzügig handhabt, die Legende, die Novelle, die kurze Biographie, den knappen Dialog einbeziehen. Den kleinen Gattungen eignet meist ein wenn nicht moralisches, so doch didaktisches Moment; sie sind fast stets in der alltäglichen Sphäre des Menschen zu Hause und suchen oft typische Gegebenheiten festzuhalten.

Die kleinen Gattungen haben einst – angefangen mit den Disticha Catonis – eine erhebliche Rolle in der abendländischen Schule gespielt; sie sind eines der sichtbarsten Zeichen antik-europäischer Kontinuität. Das bürgerliche Zeitalter – das Zeitalter des Idealismus, des Historismus und des Nationalismus – war ihnen gram; es bevorzugte in hochfliegender Gesinnung das ‚Große': die große Persönlichkeit, das große Kunstwerk, die große Epoche, die große Nation. Die Universitäts-Altphilologie, in ihrer jetzigen Gestalt noch stets Exponent dieses Zeitalters, legt hiervon Zeugnis ab: Sie kennt die kleinen Gattungen nur aus der Perspektive positivistischer Bereitstellung des Materials; sie kennt sie nicht oder kaum als Objekt struktureller und funktioneller Betrachtungsweisen[17] – obwohl doch die alt- und neutestamentliche Theologie, zumal die Bultmann-Schule, auf diese Weise eine der bedeutendsten geisteswissenschaftlichen Leistungen unseres Jahrhunderts erbracht hat und obwohl jetzt auch die neueren Philologien auf gutem Wege sind, die reiche Tradition der kleinen Gattungen mit angemessenen Methoden zu erschließen. Die Schul-Altphilologie, der altsprachliche Unterricht, ist den kleinen Gattungen erst recht entfremdet – so sehr, daß jüngst ein tüchtiger Didaktiker behauptete, indem er, von unnötigem Neid geplagt, die Möglichkeiten des Englischunterrichts mit den eigenen Möglichkeiten verglich: „Was dort" (d.h. in den Lehrbüchern für Englisch) „geboten wird, Dialoge, Lieder, Rätsel, Witze, Limericks, szenische Bearbeitungen usf., ist sicher nur zum geringen Teil auf die alte Sprache übertragbar[18]." So macht man sich kaum einer Übertreibung schuldig, wenn man meint, daß ein Altphilologe, der etwas von den kleinen Gattungen hält, fast schon ein Programm formuliert. Er wünscht ja, daß auch im altsprachlichen Unterricht nicht nur das Fundamentale, Monumentale und Einmalige seine Stätte habe, sondern ebenso das Gewöhnliche, Unscheinbare und Alltägliche, das ‚So-ist-der-Welt-Lauf' und ‚So-war-es-immer-schon', aber auch das Pointierte und Ätzende, das Listige und Lustige, das Kuriose, Paradoxe, keiner Norm noch Regel sich Fügende. Und vielleicht darf ein solcher Unterricht, der auch das Kleine nicht verschmäht, erst recht beanspruchen, dem Großen zu dienen.

Zurück zum Problem der lateinischen Anfangslektüre. Das Mittelalter bietet an: Fabelsammlungen wie den sogenannten Romulus; Exempel, Schwänke und Novellen in Fülle – ich nenne nur Petrus Alfonsi, Vinzenz von Beauvais, Jakob von Vitry, Caesarius von Heisterbach, die Gesta Romanorum; Hagiographie – ich erwähne lediglich die Legenda aurea; legendenhafte Geschichte nach Art der Gesta Caroli Magni; Chroniken und Darstellungen des *origo-gentis*-Typs – von Paulus Diaconus bis Saxo Grammaticus. So viel aus dem Bereich der Prosa: meist kleinen Gattungen zugehörig, jedenfalls aus Sequenzen kleinerer Erzähleinheiten bestehend. Man kann noch allerlei Poesie hinzufügen, Paradigmen aus geistlichen und weltlichen Kleinformen, und es bedarf keiner Prophetengabe für die Versicherung, daß sich schon aus diesem Material ein stattliches Anfänger-Lesebuch zusammenstellen läßt – so bunt und mannigfaltig, so vergnüglich und besinnlich, so belehrend und unterhaltsam, als man sich nur wünschen kann. Allerdings, die lateinische Literatur des Mittelalters ist in mittelalterlichem Latein verfaßt, und sie bewegt sich unvermeidlich im Horizont einer uns fremden Entwicklungsstufe der christlichen Religion. Folglich – und aus manchen anderen Gründen – werden viele Lehrer didaktische und geschmackliche Skrupel haben, mittelalterliche Literatur, es sei denn nebenher, in Betracht zu ziehen; ich halte mich daher mit dem Mittelalter nicht länger auf und wende mich der Neuzeit zu: Was sie bietet, ist ja in sprachlicher Hinsicht makellos und in stofflicher Hinsicht nicht selten fast schon modern.

Die Humanisten haben ein gut Teil ihrer Werke eigens für die Schule verfaßt. Sie lehrten ihre Zöglinge den mündlichen und schriftlichen Umgang mit dem Lateinischen. So schrieben sie Dialoge für die elementaren Erfordernisse der Alltags-Konversation, Dramen für ein gehobenes Niveau und Reden als anspruchsvolle Dokumentation ihres eigenen Könnens[19]. Diese Tatsache gibt zu einer Verwahrung Anlaß. Die aktive Beherrschung des

Lateinischen kann heutzutage kein ernsthaftes Unterrichtsziel mehr sein. Ich halte daher die Latin-vivant-Bestrebungen insoweit für einen Anachronismus, für eine wohlgemeinte Utopie. Andererseits ist eine Sprache ohne Bezug zur Wirklichkeit so viel wie ein Lebewesen ohne Leib; es besteht ein dringendes Bedürfnis, den Schülern das Gefühl zu nehmen, daß das Lateinische als eine Art Sondersprache von Feldherren und Philosophen allein für vertrackte Perioden und erhabene Gedanken tauge, sie ahnen zu lassen, daß es in Wahrheit ein ganz gewöhnliches, jedermann zugängliches Verständigungsmittel gewesen ist. Für diesen Zweck eignen sich zahlreiche Schriften der Humanisten vortrefflich, und da sie nicht selten erheblich leichter sind als Cäsar oder Terenz, erlauben sie eine Änderung des bestehenden Zustandes, die didaktisch äußerst erwünscht ist: daß man die bisher übliche strenge Trennung von Sprachunterricht und Lektüre aufgebe, daß man den Sprachunterricht schon nach zwei Jahren, ja einem Jahr durch diese oder jene Oase eines unterhaltsamen Textes auflockere.
Die Humanisten wären keine Humanisten gewesen, wenn sie die kleinen Gattungen nicht intensiv gepflegt hätten. Ob sich freilich die berühmten erasmischen Adagien für unsere Zwecke sonderlich eignen, lasse ich dahingestellt. Ich nenne daher nur die Apophthegmen des Beccadelli, des Enea Silvio, des Erasmus. Ich nenne weiterhin jene Sammelkategorie, für die Poggio die Bezeichnung Fazetie eingeführt hat – diese Kategorie umfaßt Anekdoten, Apophthegmen, Fabeln, Mirakelgeschichten und Schwänke. Ich habe bei Poggio selbst die Probe aufs Exempel gemacht: Von den 273 Stücken seiner Fazetien ist mindestens ein Zehntel tauglich, jugendlichen Gemütern Freude zu bereiten und zugleich Stoff zum Nachdenken zu gewähren, und ich nehme an, daß es bei Bebel und Frischlin, den erfolgreichsten Fortsetzern Poggios, nicht wesentlich anders steht. Ich nenne drittens die Briefe, womit ich allerdings den Bereich der kleinen Gattungen im strengen Sinne verlasse; hier kommen vor allem Poggio, Enea Silvio und Erasmus in Betracht. Ich nenne viertens die Pamphlete, satirischen Dialoge und paradoxen Lobreden – eines Alberti, Pontanus oder Hutten, wobei das Enkomion moriae des Erasmus, die Perle unter den Prosaschriften der Humanisten, besonders hervorgehoben zu werden verdient. Und ich schließe diesen Katalog mit einem Hinweis auf die Deklamationen Melanchthons – welcher Lausbube fände nicht sein Vergnügen und vielleicht auch ein bißchen Einsicht, wenn ihm die Oratio de miseriis paedagogorum im Spiegel eines heiteren Lamentos die Nöte seiner vermeintlichen Peiniger entgegenhält.
Eine Gattung habe ich mir noch aufgespart: jene Dialoge, die eigens für Schüler geschrieben wurden – den Mutterboden also, aus dem die erasmischen Colloquia familiaria in allmählicher Fortbildung erwachsen sind[20].

Die Gattung war vor allem am Niederrhein und in den Niederlanden beheimatet: Sie wurde bald zu einer europäischen Angelegenheit. Ihre Geschichte erstreckte sich über drei Generationen. Die Entwicklung begann – um das Jahr 1480 – mit anonymen Phraseologien, mit Sammlungen von Redewendungen, die aus Terenz entnommen waren. Sie schritt über den Dialogus parvulis scholaribus ad Latinum idioma perutilissimus des Paulus Niavis (alias Paul Schneevogel) und andere Gesprächsbücher rasch ihrem ersten Höhepunkt, den erasmischen Colloquia (die Editio princeps erschien im Jahre 1518), entgegen. Es folgten die unvermeidlichen Erasmus-Nachahmer, z.B. der streitbare Hadrianus Barlandus aus Löwen; es folgten weitere Schülergespräche sowie der zweite Höhepunkt: die witzige, gedankenreiche und geradezu enzyklopädische Linguae Latinae exercitatio des Luis Vives (im Jahre 1538). Und die Entwicklung endete – abermals nach einer Reihe weniger bekannter Specimina – mit einem dritten Höhepunkt, den Colloquia scholastica des Nordfranzosen Mathurinus Corderius (vom Jahre 1564). Erasmus, Vives, Corderius: Diese Reihe ist vor allem am Erfolg abgelesen; die Werke dieser drei erlebten über hundert, im Falle des Erasmus sogar Hunderte von Auflagen – sie gehörten lange zum unentbehrlichen Inventar der europäischen Schule. Die Zeit, da sie dann wohl entbehrlich wurden, läßt sich ziemlich genau bestimmen: Die kontinuierliche Reihe der Editionen bricht bei Corderius im Jahre 1781 und bei Vives im Jahre 1782 ab; der Historismus meldete seine Rechte an, und mit ihm kam die neue Altertumswissenschaft, die sich radikal aller zwischen Antike und Gegenwart vermittelnden Tradition entäußerte[21].

Die Gesprächsbücher haben im allgemeinen die Welt der Schüler zum Gegenstand; sie beruhen also auf dem lobenswerten didaktischen Prinzip, daß die fremde Sprache zunächst an bekannten Dingen geübt werden müsse – nicht sogleich an Legionen, Legaten und Liktoren und an dem gesamten übrigen Staats- und Militärapparat der Römer. Sie sind nicht zimperlich; sie bieten recht ungeschminkt die Wirklichkeit dar. Eine Fülle von Genrebildern zeichnet die Schule und ihre Pflichten; man hört von Schwänzen und Faulheit, von Streichen und ihrer Bestrafung, von Briefen und Nachrichten, Reisen und Besichtigungen, Schmäusen, Festen und Prozessionen, Hochzeitsfeiern und Sportveranstaltungen und vielem anderen mehr, und alles ist mit Witz und Spaß und Ironie und Derbheit köstlich gewürzt. Diese Charakteristik gilt nicht etwa nur für die drei berühmten Werke (die Colloquia des Erasmus reichen ohnehin in andere Sphären): Sie gilt auch für das Mittelmaß, die Gespräche eines Paulus Niavis, Petrus Mosellanus, Hermannus Schottenius usw. Hier eine Probe; sie ist den zweisprachigen Collocutiones duorum puerorum des Zwoller Rektors Hermann Torrentinus entnommen[22]:

Unde venis, Petrelle?	Peterken, wan comstu?
E templo, Syrisce.	Uut die kerke.
Quid illic fecisti?	Wat hebstu daer ghedaen?
Turbinem circumegi.	Ick heb den bat (Kreisel) ghedreven.
Hoc facere in templo minime decet.	Dat beteemt (ziemt sich) niet, dat ment in die kerke doe.
Id ipsum nunc vapulando didici.	Dat heb ic nu oeck mit slage gheleert.

Der Dialog schließt mit Sätzen, die vom allergehorsamsten *non scholae, sed vitae discimus* des 19. Jahrhunderts weit entfernt sind: *Atat, campana tertiam sonat horam! Alio properandum est! – Quo, Petrelle? – Quo nusquam magis invitus. – Ad scholamne? – Immo ad carcerem! – Eho, quid ita? Scholam carcerem vocas? – An non carcer tibi videtur, qua nos magister velut in cavea clausos conservat?* Auch die Kirche bekommt ihr Teil; bei Schottenius z. B. weiß ein Schüler, dem vorgeworfen wird, er gehe nur an Sonntagen zur Messe, vortrefflich von seinen Kenntnissen Gebrauch zu machen: Er beruft sich auf zahlreiche sehr gelehrte Männer, die nur höchst selten die Kirche besucht hätten[23]. Genug der Illustration. Die meisten der gegenwärtig im Schwange befindlichen lateinischen Unterrichtswerke strotzen von ‚Manneszucht' und ‚Götterfurcht', und die dort figurierenden ‚altrömischen' Familien sind oft in den Dunstkreis einer penetranten moralischen Vollkommenheit gehüllt. Wenn es eines historischen Beweises bedarf, daß es auch anders geht, die Schülergespräche des 16. Jahrhunderts erbringen ihn. Die Lehrer jener Zeit waren offenbar von berechtigtem Selbstvertrauen erfüllt, und sie führten ihre Zöglinge an der losen Leine schmunzelnder Liberalität.

Das didaktische Problem der lateinischen Anfangslektüre ist hiermit abgehandelt. Das Ergebnis lautet: Wer den Heranwachsenden nur Texte in die Hand geben will, die ihren Fähigkeiten angemessen sind und ihnen Freude bereiten, dem stehen im Bereich der römischen Antike lediglich Phädrus und Terenz zu Gebote. Er ist daher, wenn ihm dieses Repertoire als zu schmal erscheint, auf die nachantike Latinität, auf das Mittelalter und zumal auf die frühe Neuzeit angewiesen; er handelt, wenn er dieser Nötigung nachgibt, den zusätzlichen Vorteil ein, daß er früher, als jetzt üblich ist, mit der Lektüre beginnen, daß er Sprachunterricht und Lektüre ineinanderschachteln kann.

Zum Schluß noch ein Wort, warum dieses alles hier gesagt wurde. Mein Referat ist ja ein Fremdkörper inmitten eines wahren Ozeans von Gelehrsamkeit; es befaßte sich, wie ich schon zu Beginn andeutete, nicht mit den ‚Höhen' der Wissenschaft, sondern mit den ‚Niederungen' der Didaktik.

Ich meine nämlich – und ich bin sicher, daß nicht wenige unter Ihnen meine Ansicht teilen –, daß die Zukunft unseres Berufes weniger von der Universität als vom Gymnasium abhängt; deshalb schien es mir angebracht, auch in diesem Kreise den Finger auf eine besonders wunde Stelle des derzeitigen gymnasialen Lateinunterrichts zu legen und eine mögliche Remedur vorzuschlagen – eine Remedur, von der ich hoffe, daß sie Ihnen als Kennern des europäischen Humanismus zuallererst einleuchtet. Ich weiß, daß mit ein paar schönen Worten wenig getan ist. Allzu starr ist ein gut Teil unserer Kollegen an der Universität und am Gymnasium auf die Altertumswissenschaft des 19. Jahrhunderts, auf die ‚Antike an sich', auf die aller Vermittlung beraubte Antike fixiert. Ich meine aber doch, daß sich in zähem Bemühen einiges erreichen lassen wird. Wir müssen gewiß zunächst in unserem eigenen Hause, in der Universität, um Verständnis werben. Es geht nicht an, daß unsere der nachantiken Latinität geltenden Bemühungen den gleichsam illegitimen Status eines Forscher-Hobbys behalten; wir müssen durchzusetzen suchen, daß der nachantiken Latinität ein angemessener Platz in der Lehre und in den Examina künftiger Altphilologen eingeräumt wird. Doch wichtiger ist wohl, daß wir uns außerhalb unseres Hauses bemühen, daß wir uns mit unseren Kollegen vom Gymnasium an einen Tisch setzen. Sie – die Kollegen vom Gymnasium – werden Tag für Tag von den sattsam bekannten Fragen umbrandet, die auf den Sinn unseres Faches zielen; sie stehen daher nach meiner Erfahrung eher auf dem Boden der Tatsachen als viele unserer Universitätskollegen und verfügen über ein größeres Potential an Aufgeschlossenheit, wenn es gilt, eine neue, zeitgemäßere Form für unsere Studien zu finden. Wir müssen daher bestrebt sein, gerade ihnen durch Kurse und lesbare Abhandlungen die erforderlichen Grundlagen zu vermitteln; wir müssen dafür sorgen, daß es dem Unterricht nicht an den notwendigen Hilfsmitteln fehlt: an Leseheften für die Schüler, an Begleitheften für die Lehrer.

Ich möchte auf gut humanistische Weise mit einem Zitat enden. Das Zitat wendet sich an die Adresse derer, die da fürchten, die Preisgabe der Beschränkung auf die Antike komme einem Verrat an der Antike gleich. Ich meine nämlich, daß jedenfalls für die Beschäftigung mit den Humanisten der frühen Neuzeit das genaue Gegenteil gilt. Ihnen war ja die Antike allgegenwärtig; ihre Schriften sind allenthalben von Antike durchtränkt; ihr Streben war ein großer Versuch, die Antike der eigenen Gegenwart nutzbar zu machen. Ich meine daher, daß der Umweg über die Humanisten die Antike ebenso gut, ja besser zu erschließen vermag als der unmittelbare Zugriff. Dasselbe meint auch das von mir bereitgestellte Zitat. Es entstammt der Feder P. van Tieghems; es bezieht sich auf Erasmus und lautet: „Lui qui se sentait si proche des anciens, et que nous sentons si proche de nous, il remplit mieux que tout autre la mission d'intermédiaire moral entre l'antiquité et le monde moderne[24]."

Anmerkungen

[1] M. Rousselet, L'enseignement du latin, Paris 1966, S. 83 und 85.
[2] Die römische Literatur und die Schullektüre, in: Das humanistische Gymnasium 21 (1910), S. 175.
[3] Platonisches Lehren, Stuttgart 1966, S. 341.
[4] Die lateinischen Schulautoren, in: Mitteilungsblatt des Deutschen Altphilologenverbandes 12 (1968), Nr. 1, S. 7.
[5] S. F. A. Eckstein, Lateinischer und griechischer Unterricht, Leipzig 1887, S. 218 f.
[6] De ratione studii, in: Opera omnia 1, 2, Amsterdam 1971, S. 115 f. 148.
[7] S. Eckstein, a.a.O., S. 219 f.
[8] E. Römisch, Didaktische Überlegungen zur Cäsarlektüre, in: H. Haffter-E.Römisch, Caesars Commentarii De bello Gallico, Heidelberg 1971, S. 53 ff.
[9] S. z. B. M. Krüger, Die Caesar-Lektüre in der heutigen Schule, in: Der altsprachliche Unterricht 1, 4 (1952), S. 65 f. 68.
[10] L. Krüger-G. Hornig, Methodik des altsprachlichen Unterrichts, Frankfurt/M. 1963², S. 63.
[11] A.a.O., S. 87.
[12] De pueris instituendis, ed. cit., S. 24. 53. 68 f.
[13] A.a.O., S. 68 ff. Vgl. Ludwig, a.a.O., S. 8. Soeben ist erschienen: Aditus – Neue Wege zum Latein (Lese- und Arbeitsbuch für die ersten Lektürejahre), hrsg. von R. Nickel, Würzburg 1975 (Teil 1: Texte; Teil 2: Schülerkommentar; Teil 3: Lehrerhandbuch). Dieses Werk scheint mir seinem Zuschnitt nach geeignet zu sein, den im Text folgenden Satz zu widerlegen.
[14] Leo, a.a.O., S. 174 f. Ludwig, a.a.O., S. 7.
[15] Zum Folgenden s. E. Happ, Terenz statt Caesar als Anfangslektüre, in: Probata – Probanda (Dialog Schule und Wissenschaft 7), München 1974, S. 168 ff.
[16] Einfache Formen, Tübingen 1965³. Zum Folgenden jetzt M. Fuhrmann, Über kleine Gattungen als Gegenstand der Anfangslektüre, in: Der altsprachliche Unterricht 18, 5 (1975), S. 24 ff.
[17] Als rühmliche Ausnahmen seien genannt: F. Dornseiff, Literarische Verwendungen des Beispiels (Vorträge der Bibliothek Warburg 1924/25), Leipzig 1927. O. Weinreich, Fabel, Aretalogie, Novelle, in: Sitzungsberichte der Heidelberger Akademie der Wissenschaften, Phil.-hist. Klasse 1930/31, 7.
[18] K. Westphalen, Falsch motiviert?, in: Der altsprachliche Unterricht 14, 5 (1971), S. 16.
[19] Vgl. P. van Tieghem, La littérature latine de la Renaissance, Paris 1944 (Nachdruck Genf, o. J.), S. 216.
[20] Das Folgende nach A. Bömer, Die lateinischen Schülergespräche der Humanisten, 2 Teile, Berlin 1897–99.
[21] S. hierzu o. S. 71 f.
[22] S. Bömer, a.a.O., S. 67 ff.
[23] S. Bömer, a.a.O., S. 138.
[24] A.a.O., S. 202.

Römisches Recht am Gymnasium
Überlegungen zu einem Oberstufenkurs

1. Der bisherige Verzicht: Tradition und Schwierigkeit

Römisches Recht am Gymnasium: Man fragt sich sofort, warum es so etwas noch nicht recht gibt. Genauer: Warum pflegen gerade diejenigen, die an den Schulen und Universitäten die Sprache und Literatur, die Geschichte und Kultur der Römer vermitteln, dem römischen Recht aus dem Wege zu gehen – dem Recht, das doch die stärkste Wirkungsquelle der Römer war, das die europäische Zivilisation viel stärker geprägt hat als alles andere, was die Römer gedacht, geschrieben und getan haben? Das Recht, ohne das der moderne Staat nicht denkbar wäre, der Staat nicht in seiner großen Dimension, nicht hinsichtlich seiner allgemeinen Zwecke und Aufgaben, seiner Philosophie oder Ideologie, sondern der Staat im Alltagsgewand, wie er jedem Bürger täglich begegnet oder doch begegnen kann, der Staat als Garant des Rechtsfriedens unter allen, die ihm angehören?

Dieses Paradox hat Gründe; es ist angezeigt, diese Gründe kurz zu mustern und auf ihre Triftigkeit hin zu befragen. Zunächst ist es ganz einfach seit jeher üblich, daß sich nur der Jurist mit dem römischen Recht befaßt und daß der Philologe und Historiker diese Materie meidet – der status quo ist ein Produkt der Tradition. Diese Tradition geht auf das Mittelalter zurück, auf die *artes liberales* und die Institution, die die *artes liberales* vermittelte, auf die Artistenfakultät. Die Artistenfakultät fungierte als Propädeutikum; ihr Lehrprogramm bereitete auf die eigentlichen Studien vor, die man um ihrer selbst willen betrieb – auf die Theologie, die Medizin, die Jurisprudenz –, und es enthielt daher nur Allgemeines: das sprachliche Trivium, das mathematische Quadrivium. Es hat nun wiederum dem Lehrprogramm sowohl der Philosophischen Fakultät – der Nachfolgerin der Artistenfakultät – als auch des Gymnasiums – das ebenfalls aus der Artistenfakultät hervorgegangen ist – die Konturen verliehen, und hierbei blieb es bis auf den heutigen Tag. Ja, der Historismus und Ästhetizismus des 19. Jahrhunderts hat diese Tradition bestätigt; man hatte genug an der ‚eigentlichen' Literatur, an den Dichtern und Historikern, und die vom Gymnasium des 19. Jahrhunderts gepflegten Ideale ließen keine Frage nach einer Änderung dieses Zustandes laut werden.

Die vorliegende Erscheinung – daß das römische Recht im allgemeinen nicht zum Repertoire der Gymnasien und Philosophischen Fakultäten gehört – hat freilich auch sachliche Gründe; sie findet darin ihre Erklärung, daß die Jurisprudenz ein Studium wert ist. Denn die neuzeitliche Rechtswissenschaft präsentiert sich als ein riesiges System, als ein großer, nach strengen Regeln geordneter Begriffsapparat. Hieraus resultiert, daß gerade das erste Eindringen, das erste Vertrautwerden Schwierigkeiten bereitet. Man kann das Einzelne nur verstehen, wenn man das Ganze kennt; man kann das Ganze nur kennenlernen, indem man vom Einzelnen ausgeht – aus diesem Zirkel herauszukommen, bedarf es eines jahrelangen Hin und Hers zwischen Besonderem und Allgemeinem und Allgemeinem und Besonderem, eines ebenso listigen wie beharrlichen Trainings. Kurz und gut: In der Rechtswissenschaft ist gerade der Anfang schwer. Kenntnis des ganzen Systems, aber auch Kenntnis der Methode, des ‚juristischen Denkens' sind unabdingbar für jeden, der auch nur den einfachsten Fall entscheiden will – beides läßt sich nicht von heute auf morgen erwerben, und wer gar von der Philologie und von der Geschichtswissenschaft herkommt (der an abstraktes und deduktives Denken gewohnte Philosoph hat es in dieser Hinsicht leichter), dem erschwert die ihm vertraute – verstehende – Hermeneutik den Zugang zur juristischen – zur zwischen Gesetz und Fall vermittelnden, Entscheidungen treffenden – Hermeneutik.

2. Gegenwartskunde durch römisches Recht

Wie triftig sind die skizzierten Gründe: In welchem Maße sprechen sie gegen das Vorhaben ‚Römisches Recht am Gymnasium', was läßt sich für dieses Vorhaben ins Feld führen? Mit der Tradition kann man wohl rasch fertig werden; zumal die Ausprägung, die sie im 19. Jahrhundert erfahren hat, dürfte für wenige noch so stark verbindlich sein, daß sie die Forderung ‚etwas weniger Cicero oder Livius, und dafür ein Viertel oder ein halbes Jahr römisches Recht' a limine ausschlösse. Und vor allem sprechen positive Instanzen gegen eine rigoros konservative Einstellung. Kinder aus bisher ‚bildungsfernen' Schichten besuchen in wachsender Zahl das Gymnasium – und für diese Schichten dürfte der gegenwärtige Zustand – daß sich ein Gymnasiast, der die Schule verläßt, viel schlechter in der Wirklichkeit unseres Staates und unserer Gesellschaft auskennt als ein Volks-, ein Berufs- oder Realschüler (der doch immerhin allerlei vom bürgerlichen und vom Handelsrecht, von der Betriebswirtschaft, von der Buchführung, vom

Steuerrecht usw. erfährt) – für diese Schichten also dürfte der gegenwärtige Zustand eines zwar ‚gebildeten‘, aber ein wenig weltfremden Gymnasiasten kaum verständlich sein.

Man könnte einwenden: Diesen Bedürfnissen suchen doch gegenwartsorientierende Disziplinen wie die Gemeinschafts- oder Staatsbürgerkunde Genüge zu tun. Gewiß, dem ist so, wo immer schon Gemeinschafts- oder Staatsbürgerkunde mit einiger Gründlichkeit gelehrt wird. Aber – so etwa müßte der Gegeneinwand lauten – ein solches Nebeneinander von historischen Fächern (wie Latein) und ahistorischen, aber gegenwartsorientierenden Fächern (wie Gemeinschaftskunde) ist (oder wäre) bedauerlich. Denn die historischen Fächer vermitteln viel Fernes, Entrücktes; es fällt ihnen oft schwer, diese fernen und entrückten Dinge an die Gegenwart heranzuholen. Und den ahistorischen, neuen Fächern wiederum fehlt weithin die Kontrolle durch die geschichtliche Erfahrung; sie neigen zur Utopie, zur Ideologie, zum allzu simplen Weltverbesserungsrezept. Warum also sollte man nicht versuchen, beides – die Dimension der Vergangenheit und die der Gegenwart – miteinander zu verbinden; warum sollte man nicht bestrebt sein, die historischen Fächer für die massiven Orientierungsbedürfnisse der Gegenwart nutzbar zu machen und so diese Bedürfnisse auf eine gute – zugleich traditionsbewußte und räsonabel fortschrittliche – Bahn zu leiten?

Das römische Recht wäre für diesen Zweck geeignet wie kein zweiter Gegenstand der alten Geschichte und der lateinischen Literatur; das moderne Recht und – wichtiger noch – das juristische Denken, die Methode der Rechtsanwendung sind nun einmal legitime Sprößlinge des römischen Rechts und der römischen Jurisprudenz. Außerdem könnte man gar nicht versuchen, das römische Recht als einen rein antiquarischen Gegenstand zu behandeln (eine Einschränkung sogleich): Man hat sich nie um seiner selbst willen mit ihm befaßt, sondern stets um der Gegenwart und ihrer Bedürfnisse willen – das römische Recht dient als propädeutisches Instrument im Rechtsunterricht und als heuristisches Instrument in der Rechtswissenschaft; die gesamte Literatur, die die Quellen des römischen Rechts zu erschließen sucht, ist auf diese Zwecke eingestellt. Das bedeutet: Das römische Recht erscheint dort im Medium der heutigen Dogmatik, des heutigen Systems, der heutigen Begriffe, es erscheint dort als Analogon oder als Kontrastfolie des heutigen Zustandes. Und schließlich wäre das römische Recht für einen ersten Einblick in das Recht der Gegenwart nicht nur geeignet, sondern geradezu unentbehrlich. Denn die römischen Juristen pflegten sich auch mit elementaren Problemen zu befassen, wie sie das tägliche Leben jederzeit mit sich bringt, und sie verstanden sich darauf, diese Probleme in einer äußerst schlichten und knappen Sprache vorzutragen –

in einer Sprache, die sich im wesentlichen mit dem jedermann geläufigen Vokabular begnügte und nur weniger Fachausdrücke bedurfte. Die entsprechende heutige Rechtsliteratur hingegen, die Sammlungen höchstrichterlicher Entscheidungen, enthält gewöhnlich nur recht komplizierte Fälle und bedient sich einer verhältnismäßig umständlichen, mit Fachausdrücken gespickten Darstellungs- und Argumentationsweise – dieses Material käme für eine Einführung in das Verkehrsrecht des täglichen Lebens schwerlich in Betracht [1].

3. Maximen für den Lehrenden

Die Tradition kann somit kaum noch als Instanz dafür dienen, daß der Lateinunterricht weiterhin dem römischen Recht aus dem Wege geht – ja, die veränderten Verhältnisse sprechen deutlich für eine Berücksichtigung des römischen Rechts. Doch wie steht es mit jenen sachlichen Gründen, mit der Schwierigkeit des Gegenstandes? Nun, man könnte das Problem gewissermaßen umgehen (hier die soeben erwähnte Einschränkung). Denn das römische Recht enthält anschauliche Materien, Materien, zu deren Darstellung man keiner oder nur weniger Begriffe bedarf, die sich beschreiben, als antiquarisches oder kulturhistorisches Objekt schildern lassen [2]. Hierzu gehört z. B. der römische Zivilprozeß. Das römische Recht enthält außerdem eine Fülle von Anhaltspunkten für eine geistesgeschichtliche Betrachtungsweise. Man kann über den Traditionalismus der römischen Jurisprudenz, über deren Prinzipien wie *libertas, auctoritas, fides* und vieles andere reflektieren [3]. Aber der Kern der Sache bliebe hierbei unberücksichtigt: die Kunst der Rechtsanwendung und -fortbildung, die juristische Weise des Abstrahierens und Argumentierens, die juristische Phantasie, demonstriert am ‚Fall', am einzelnen Problem.

Man braucht das Antiquarische und Geistesgeschichtliche nicht auszuschließen; andererseits empfiehlt es sich nicht, den Kern der Sache zu vermeiden. So kommt man denn an der Frage nicht vorbei: Was kann und darf sich der Laie auf diesem Gebiet zutrauen? Ich betrachte das Problem zunächst aus der Perspektive des Lehrenden; ich möchte hierzu drei Thesen vorbringen:

– Das römische Recht ist gewiß nicht jedermanns Sache. Immerhin gibt es – vom Studium her oder durch spätere Beschäftigung – erstaunlich viele stille Liebhaber des römischen Rechts [4]; mir will es manchmal scheinen, als falle manchem Latinisten der Sprung in die andere Fakultät (in die

Rechtswissenschaft) leichter als der in eine andere Epoche (etwa ins Mittelalter). Diese stillen Liebhaber werden sich – wenn sie von außen einen Anstoß erhalten – am ehesten einen Kurs über römisches Recht zutrauen.

- Die soeben angedeuteten Schwierigkeiten bestehen in vollem Maße nur für den, der die Kunst der Fallentscheidung, das Ziel aller juristischen Theorie, selbst beherrschen lernen will. Der Latinist jedoch, der einen Einblick in das römische Recht vermitteln möchte, braucht sich dieses Ziel nicht zu stecken. Er liest ja gelegentlich auch im Celsus – etwa eine Krankheitsbeschreibung oder ein therapeutisches Rezept. Meint er deshalb, als Arzt praktizieren zu dürfen? Oder meint er andererseits, er dürfe nur dann ein Stück Celsus im Unterricht behandeln, wenn er über die Kenntnisse eines Arztes verfüge? Ich glaube nicht, daß in dieser Hinsicht ein grundsätzlicher Unterschied zwischen medizinischen und juristischen Texten besteht. Der Philologe verfügt über ein universales Instrument, über die philologische Hermeneutik – dieses Instrument vermag jeder Art von Literatur, auch medizinischer oder juristischer, etwas abzugewinnen. Die Schilderung eines Krankheits- oder Rechtsfalles nachvollziehen kann auch der, der den Fall nicht selbst zu behandeln oder zu entscheiden versteht, und die Fähigkeit zu solchem Nachvollzug genügt für das, worauf es in einem gymnasialen Kurs über römisches Recht ankommt: eine Orientierungshilfe für das Gerichtswesen, das Rechtssystem und die Technik juristischen Argumentierens zu geben.
- Auch wenn nur derjenige einen Kurs über römisches Recht wird veranstalten mögen, der sich schon mit dieser Materie befaßt hat, auch wenn ihm zu diesem Zweck durchaus nicht die Kenntnisse und Fähigkeiten zu Gebote stehen müssen, über die ein ‚Volljurist', ein Richter etwa, verfügt: auch dann bleibt ein Graben zwischen den Texten, mit denen der Philologe gewöhnlich umgeht (also zwischen historischen, philosophischen und poetischen Texten), und den Quellen des römischen Rechts. Ich weiß nicht, ob sich die anspruchsvollen Kursentwürfe, die jetzt überall in Deutschland angefertigt werden (abstrakte Aufrisse mit mehr oder minder ausführlichen Literaturhinweisen), sonderlich auf die Praxis auswirken können, solange nicht entsprechende Unterrichtshilfsmittel das erforderliche Primär- und Sekundärmaterial bereitstellen. Ich glaube aber wohl zu wissen, daß ein Kursvorschlag ‚Römisches Recht' ein pures Gedankending bliebe, wenn nichts vorhanden wäre, das den soeben erwähnten Graben überbrückt, das also dem Lehrenden die für das Verständnis juristischer Probleme notwendigen Voraussetzungen an die Hand gibt. Denn bei einem Deputat von 24 Wochenstunden ist ja wohl entschieden dafür gesorgt, daß die Bäume nicht in den Himmel wachsen.

Folglich muß, wer realistisch bleiben will, davon ausgehen, daß (abgesehen von einer mindestens mehrtägigen Vorbereitung auf den Kurs im ganzen) für die Vorbereitung einer jeden Unterrichtsstunde in der Oberstufe günstigsten Falles 30 Minuten erübrigt werden können. Deshalb haben Liebs und ich sich nicht damit begnügt, die Textsammlung „Fälle aus dem römischen Recht“ herzustellen; wir haben zugleich einen Kommentar (der unserer Intention nach ein Lehrerkommentar ist, der indes auch Schülern anvertraut werden kann) verfaßt[5]. Wir hoffen, daß dieser Kommentar die Skylla zu großer Kürze (im Hinblick auf das sachlich Erforderliche) ebenso meidet wie die Charybdis zu großer Ausführlichkeit (im Hinblick auf die dem Lehrenden zu Gebote stehende Vorbereitungszeit).

4. Maximen für den Unterricht

Wen diese Thesen überzeugen und wer sich vom Gegenstande angezogen fühlt, der sollte nicht zögern, das römische Recht in sein Lehrprogramm aufzunehmen. Das Problem rückt damit in die Perspektive des Schülers: Was kann und muß – so lautet jetzt die Frage – der Schüler leisten? Um mit dem Können zu beginnen: Der Schüler mag manchmal Mühe haben, sich von Stunde zu Stunde auf neue kleine Texteinheiten einzustellen. Hierzu sei bemerkt, daß die Zersplitterung durch das kasuistische Material bedingt und demnach unvermeidlich ist und daß sie immerhin durch die Homogeneität des Stils auf ein erträgliches Maß reduziert wird. Aus diesen Gegebenheiten folgt, daß gerade nicht die längeren Partien, die sich in den „Fällen aus dem römischen Recht“ finden, übersprungen werden sollten. Außerdem mag der Schüler Mühe haben, die Sache – das Rechtssystem, die juristische Dogmatik, die Gründe für die Entscheidung eines Falles – zu begreifen, zumal die römischen Juristen in ihren prägnanten Verlautbarungen vieles als bekannt vorauszusetzen pflegen. Folglich muß die Sache (zu der nach dem Gesagten stets auch die Analogie oder der Kontrast des heutigen Zustandes gehört) erarbeitet und ein erheblicher Teil der verfügbaren Zeit für den Inhalt verwendet werden[6].

Wenn diese Maßnahmen verbürgen mögen, daß der Schüler nicht überfordert wird, so fragt sich weiterhin, was er – im Rahmen seines Könnens – in einem Kurs über römisches Recht leisten muß. Hier besteht Anlaß zu der Erinnerung, daß Latein ein sprachliches Fach ist, in dem es zuallererst um lexikalische und syntaktische Probleme geht, das mittelbar die Kapazität in der eigenen Muttersprache und außerdem die bewußte Handhabung von Sprache überhaupt steigern soll. Hieraus folgt, daß ein Kurs über römisches Recht – wie jeder Kurs in Latein – unbedingt ein hinlänglich großes Quantum an Texten bewältigen muß. Der Lateinunterricht krankt schon bei der üblichen Lektüre daran, daß zu langsam gelesen wird – es findet ein zu geringer ‚Umsatz' an Vokabeln, Formen und Strukturen statt, so daß nichts in Fleisch und Blut übergeht und jede kompliziertere Erscheinung aufs neue Schwierigkeiten bereitet. Diese Tendenz darf durch den ungewöhnlichen Gegenstand nicht noch verstärkt werden; der Lehrende muß daher ein besonderes Augenmerk darauf richten, daß der Inhalt nicht die sprachliche Substanz überwuchert. Vielleicht sollte man im Hinblick auf diese Gefahr die „Fälle aus dem römischen Recht" durch anschauliche Cicero-Texte ergänzen, z. B. durch Partien, welche die Bedeutung und soziale Stellung des Juristen erörtern oder karikieren[7], oder durch eine Auswahl aus einer Prozeßrede.

Anmerkungen

[1] S. hierzu den Anhang, u. S. 101 ff.

[2] Texte, die sich für diese Betrachtungsweise eignen, hat W. Bubbe zusammengestellt: Auswahl aus dem römischen Recht, Text und Erläuterungen, Paderborn o. J. (seit längerem vergriffen).

[3] S. hierzu F. Schulz, Prinzipien des römischen Rechts, München 1934 (Nachdruck Berlin 1954).

[4] Sie pflegen die große Anthologie (1400 S.) von E. Scharr zu besitzen: Römisches Privatrecht, lateinisch und deutsch, Zürich–Stuttgart 1960.

[5] Fälle aus dem römischen Recht, Text und Kommentar, hrsg. von M. Fuhrmann–D. Liebs (ratio 5), Bamberg 1974. Die gute Auswahl von H. Kronasser–H. Trathnigg, Texte aus dem römischen Recht, Graz 1952, enthält ein Glossar, jedoch keinen die rechtlichen Probleme erörternden Kommentar.

[6] Der in der vorigen Anmerkung erwähnte Kommentar bemüht sich durchweg, die römischen Regelungen mit dem gegenwärtigen Rechtszustande zu vergleichen.

[7] De officiis 2, 65 ff. Pro Murena 19 ff.

Anhang:

Juristische Texte der Römer und der Gegenwart

Im Text, S. 98, wird behauptet, modernes juristisches Material sei – im Unterschied zur römischen Rechtsliteratur – für eine elementare Einführung in das geltende Recht wenig geeignet. Hierzu einige Erläuterungen; sie gründen sich auf Beispiele und Gesichtspunkte, die D. Liebs beigebracht hat.

Die in Anm. 5 zitierten „Fälle aus dem römischen Recht" enthalten unter Nr. 23 („Unerfreuliche Gerüche") die folgende Entscheidung:

Aristo Cerellio Vitali respondit non putare se ex taberna casiaria fumum in superiora aedificia iure immitti posse. Idemque ait et ex superiore in inferiora non aquam, non quid aliud immitti licere; in suo enim alicui hactenus facere licere, quatenus nihil in alienum immittat, fumi autem sicut aquae esse immissionem. Dicit igitur eum, qui tabernam casiariam a Minturnensibus conduxit, a superiore prohiberi posse fumum immittere, sed Minturnenses ei ex conducto teneri.

Dieser Text läßt sich etwa so wiedergeben:

„Aristo erteilte dem Cerellius Vitalis den folgenden Bescheid: er glaube nicht, daß jemand berechtigt sei, aus einem Käsereibetrieb Rauch in die oberhalb davon gelegenen Grundstücke eindringen zu lassen. Er sagt auch, daß man ebensowenig aus einem höher gelegenen Grundstück Wasser oder etwas anderes in die unterhalb davon gelegenen Grundstücke eindringen lassen dürfe; denn jedermann sei insoweit berechtigt, auf seinem Grundstück etwas vorzunehmen, als er nichts in ein fremdes Grundstück eindringen lasse, und mit der Zuführung von Rauch verhalte es sich ebenso wie mit der von Wasser. Er ist demnach der Meinung, daß der, der von der Gemeinde Minturnae einen Käsereibetrieb gepachtet habe, vom oberhalb wohnenden Nachbarn daran gehindert werden könne, Rauch eindringen zu lassen; die Gemeinde Minturnae sei ihm jedoch auf Grund des Pachtvertrages schadensersatzpflichtig."

Grundsätzlich (d. h. nicht ohne Einschränkungen) gilt sowohl nach römischem als auch nach heutigem Recht, daß der Eigentümer mit seiner Sache nach Belieben verfahren und andere an jeder Beeinträchtigung hindern darf. Der vorliegende einfache Fall wendet dieses Prinzip auf Immissionen, d. h. auf Einwirkungen an, durch die der Eigentümer eines Grundstücks ein benachbartes Grundstück in Mitleidenschaft zieht; der römische Jurist erklärt, daß solche Einwirkungen schlechtweg unzulässig seien.

Für den heutigen, komplizierteren Rechtszustand bedürfte es eines Rekurses auf kompliziertere Texte. Das geltende Recht unterscheidet zwischen Immissionen von wägbaren Stoffen (wie Wasser) und Immissionen von unwägbaren Stoffen (wie Rauch). Für wägbare Stoffe gilt § 1004 Abs. 1 des Bürgerlichen Gesetzbuchs; hiernach kann der Eigentümer die Immission von Wasser schlechtweg untersagen. Für unwägbare Stoffe hingegen gelten die einschränkenden Bestimmungen des § 906 BGB: Unwesentliche Beeinträchtigungen können überhaupt nicht abgewehrt werden; darüber hinaus muß ein Nachbar Beeinträchtigungen dulden, die ortsüblich und unvermeidbar sind. Außerdem genießen nach § 26 der Gewerbeordnung genehmigte Gewerbebetriebe ein Vorrecht; die Nachbarn können unter keinen Umständen verlangen, daß ein solcher Betrieb eingestellt wird. Schließlich hat die Rechtsprechung in einigen Fällen den § 906 BGB über seinen Wortlaut hinaus auch auf wägbare Einwirkungen wie Feuchtigkeit angewandt. Eine solche Entscheidung hat in ihrer veröffentlichten Fassung folgendes Aussehen (Neue Juristische Wochenschrift 1956, S. 1564 ff.):

„BGB §§ 1004, 823 Abs. 2 (Schadensersatzpflicht des Trümmergrundstückseigentümers)

Der Trümmergrundstückseigentümer, von dessen Grundstück Feuchtigkeit in die Giebelwand des Nachbargrundstücks eindringt, ist nicht Störer im Sinne des § 1004 BGB und nicht zum Schadensersatz verpflichtet.

OLG Köln, Urt. v. 22. 6. 1956 – 4 U 57/56

Die Kl. ist Eigentümerin eines im Kriege teilweise zerstörten und im Frühjahr

1950 wieder aufgebauten Hausgrundstücks. Dem Bekl. gehört das durch Bomben total zerstörte Nachbargrundstück.

In einem Vorprozeß hat das LG im Jahre 1953 den Bekl. auf Grund des § 1004 BGB rechtskräftig verurteilt, bestimmte Vorkehrungen zu treffen, die ein weiteres Eindringen von Regenwasser auf das Nachbargrundstück verhindern sollen.

Nunmehr verlangt die Kl. von dem Bekl. Ersatz für die in ihrem Hause infolge der Feuchtigkeit entstandenen Schäden. Sie behauptet, an der erhalten gebliebenen, beiden Grundstücken gemeinsamen Giebelmauer hätten sich auf dem Grundstück des Bekl. neben größeren Mengen Trümmerschutt Stuckgesimsreste, Nischen von eingebauter Feuerung, Balkenlöcher und Mauerwerksansätze befunden, die Regen und Schnee aufgefangen hätten. Von dorther sei Feuchtigkeit durch die Giebelwand in ihr Haus eingedrungen, habe nach und nach Schäden an den Wänden verursacht und erhebliche Schwammbildungen im Fußboden hervorgerufen.

Das LG hat den Bekl. antragsgemäß auf Grund der §§ 823 Abs. 2, 1004 BGB verurteilt. Es hat ausgeführt: Die Feuchtigkeitsschäden stellten eine Beeinträchtigung dar, für die der Bekl. als Störer i. S. des § 1004 BGB einzustehen habe. Der Bekl. habe die Schäden mittelbar dadurch verursacht, daß er an dieser Stelle ein Haus habe errichten lassen. Er habe auch schuldhaft gehandelt, da er trotz Aufforderung der Kl. nichts unternommen, vielmehr darauf vertraut habe, daß das Trümmeramt für Abhilfe sorge. Das Trümmeramt habe die Enttrümmerung jedoch erst im Febr. 1952 durchgeführt. Durch geeignete und rechtzeitige Maßnahmen des Bekl. wären sie vermieden worden.

Aus den Gründen: I. Das im Vorprozeß (11 S 30/53 LG Köln) ergangene rechtskräftige Urteil des LG, durch das der Bekl. als ‚Störer‘ im Sinne des § 1004 BGB verurteilt worden ist, bestimmte Maßnahmen zu ergreifen, um ein weiteres Eindringen von Feuchtigkeit auf das Grundstück der Kl. zu verhindern, steht einer abweichenden Beurteilung desselben Tatbestandes im nunmehrigen Schadensersatzprozeß nicht entgegen. Die Bindung an ein früheres Urteil gemäß § 322 ZPO bedeutet nur dann ein Verbot, anders zu entscheiden, wenn dieselbe Rechtsfolge im zweiten Prozeß geltend gemacht wird. Die Geltendmachung einer anderen Rechtsfolge wird durch die Rechtskraft des ersten Urteils nicht ausgeschlossen, so Stein-Jonas-Schönke zu § 322 ZPO Anm. VIII und IX. Vgl. auch Baumbach-Lauterbach zu § 322 Anm. IV unter ‚Eigentumsansprüche‘, wo unter Hinweis auf RG, LZ 32, 239 ausgeführt wird, daß insbesondere ein Urteil auf Unterlassung nach § 1004 (Abwehrklage) keine Rechtskraft schafft für den Schadensersatzanspruch, weil dieser ein selbständiger Anspruch mit anderen Voraussetzungen ist.

II. Der Kl. steht gegenüber dem Bekl. ein Anspruch auf Ersatz des Schadens, der ihr dadurch entstanden ist, daß vom Trümmergrundstück des Bekl. aus Feuchtigkeit durch die Giebelmauer in ihr Haus eingedrungen ist, nicht zu.

Aus den §§ 823 Abs. 2, 1004 BGB ergibt sich ein solcher Anspruch nicht, da der Bekl. nicht rechtswidrig gegen ein den Schutz eines anderen bezweckendes Gesetz verstoßen hat. Zwar ist § 1004 BGB ein Schutzgesetz im Sinne des § 823 Abs. 2 BGB (RG 121, 185). Auch kann davon ausgegangen werden, daß es sich bei den in dem Hause der Kl. aufgetretenen Feuchtigkeitserscheinungen um ‚Beeinträchtigungen‘ handelt, wie § 1004 sie erfordert. Der Bekl. hat hierfür aber nicht einzustehen, weil er nicht ‚Störer‘ im Sinne dieser Vorschrift ist. Störer ist nur derjenige, auf dessen Willen die Beeinträchtigung wenigstens mittelbar zurückzuführen ist (s. Palandt zu § 1004, Anm. IV, Staudinger-Berg zu § 1004 Anm. 24 mit weiteren Nachweisen). Die Feuchtigkeitsschäden im Hause der Kl. beruhen aber weder unmittelbar noch mittelbar auf einer maßgebenden Willensbetätigung des Bekl.

Die unmittelbare und hauptsächlichste Ursache für die eingetretenen Schäden liegt darin, daß das Grundstück des Bekl. während des Krieges durch Bomben zerstört worden ist und Decken- und Mauerreste aufweist, die Regen- und Schneewasser auffingen und der Giebelmauer zuführten. Dieser bauliche Zustand des Trümmergrundstücks ist ohne Verschulden und gegen den Willen des Bekl. durch Kriegseinwirkung herbeigeführt worden und beruht somit nicht auf einer Willensbetätigung des Bekl.“ usw. (es folgen noch drei Spalten).

In ähnlicher Weise könnte man auch zahlreichen anderen Texten der Sammlung „Fälle aus dem römischen Recht“ moderne Gerichtsurteile gegenüberstellen. Man vergleiche etwa Nr. 53 („Die Altersversorgung des Hauslehrers“) mit folgenden Entscheidungen zur sogenannten Weihnachtsgratifikation: Entscheidungen des Reichsarbeitsgerichts, Bd. 4, Berlin–Leipzig 1930, S. 65 ff.; Arbeitsrechts-Sammlung, Bd. 35, Berlin 1939, S. 144 ff.; Arbeitsrechtliche Praxis – Nachschlagewerk des Bundesarbeitsgerichts, 1954, Blatt 89 ff.

Wie derartige Vergleiche zeigen, unterscheidet sich das moderne Material vom römischen vor allem durch folgende Merkmale:

1. Die modernen Texte sind ziemlich lang;
2. sie enthalten viel Technisches wie Abkürzungen, Verweise auf gesetzliche Bestimmungen, andere Entscheidungen, Fachliteratur usw.;
3. sie spiegeln den Instanzenzug (die höchste Instanz ist nicht befugt, Tatsachen zu ermitteln; sie prüft nur Rechtsfragen auf Grund schon ermittelter Tatsachen oder verweist an eine niedrigere Instanz zurück);
4. sie befassen sich nicht nur mit Rechts-, sondern auch mit Tatfragen, wobei sie, wenn sich diese nicht in allen Punkten klären lassen, mit Unterstellungen operieren;
5. wenn sie Neuerungen enthalten, neigen sie dazu, diese als Auslegung des Bestehenden hinzustellen (unter dem Druck der Gewaltenteilungslehre: Nur der Gesetzgeber darf das Recht fortbilden); so wird in dem zitierten Trümmergrundstücksfall der Begriff ‚Störer‘ enger interpretiert als in der vorausgehenden Praxis.

Asterix der Gallier und die ‚römische Welt'

Betrachtungen über einen geheimen Miterzieher im Lateinunterricht

Meine Damen und Herren,
Asterix-Leser und -noch-nicht-Leser!

Die Abb. unten zeigt ein Festbankett mit einer Tafelrunde und einem Feuer, in dem Wildschweine gebraten werden (Abb. 1). Rechts im Vordergrund sieht man eine Hütte; sie ist in luftiger Höhe auf einem Baumstamm errichtet, und auf dem Umgang, der sie umgibt, sitzt eine gefesselte und geknebelte Figur.

Der Asterix-Leser weiß, worum es sich hier handelt: um das mythische gallische Dorf, das den Legionen Cäsars zu trotzen vermochte, um das stereotype Schlußbild, mit dem die meisten Abenteuer des Titelhelden ausklingen. Der Unglückliche, der nahezu regelmäßig von dem Festbankett

Abb. 1

ausgeschlossen wird, ist ein gallischer Barde, im Original Assurancetourix, in der deutschen Übersetzung mit leichter verständlichem Namen Troubadix geheißen. Assurancetourix: dieser charakteristischen Bildung des Asterix-Onomastikons liegen offenbar die Worte *assurance tous risques*, „Versicherung gegen alle Schäden", zugrunde; unser Bild läßt vermuten, daß der Barde Anlaß hat, sich zumindest durch tapfere Resignation gegen Schäden zu wappnen.

Ja, er hat Anlaß. Jedes Asterix-Heft stellt dem Leser zu Beginn dieselben fünf gallischen Figuren vor: den Titelhelden Asterix; dessen Freund Obelix, einen Produzenten von Hinkelsteinen; den Druiden Panoramix (alias, d.h. in der deutschen Übersetzung, Miraculix); den Stammeshäuptling Abraracourcix (alias Majestix); den Barden Assurancetourix. Unter diesen Fünf hat Assurancetourix, quantitativ betrachtet, das geringste Gewicht; er muß sich meist mit einer Nebenrolle in der Rahmenhandlung begnügen – ein jedes Abenteuer des Asterix nimmt ja von dem mythischen gallischen Dorfe seinen Ausgang und kehrt am Schluß wieder dorthin zurück. Und diese Nebenrolle in der Rahmenhandlung ist jämmerlich genug: Assurancetourix wird immer wieder mehr oder minder gewaltsam daran gehindert, eine Abreise des Asterix durch ein Lied zu markieren, und dem die Rückkehr feiernden Festbankett muß der Arme, wie dargetan, im allgemeinen gefesselt und geknebelt zuschauen. Sein Gesang ist nämlich überaus verhaßt; er ruft fast stets Reaktionen des Abscheus, Entsetzens oder Grauens hervor – nicht nur bei den Bewohnern des gallischen Dorfes, sondern auch bei den Römern, bei Galeerensklaven, Gefängniswärtern und selbst bei den Löwen des römischen Zirkus.

Die problematische Rolle des Assurancetourix läßt sich aus der Logik der Handlung nicht ableiten; sie scheint das Prinzip der poetischen Gerechtigkeit zu mißachten und pflegt daher den asterixbegeisterten jugendlichen Leser unangenehm zu berühren. Rebus sic stantibus sei hier eine allegorische Deutung gewagt: Assurancetourix, der hoch über dem Dorfe Hausende, der am Gesang Gehinderte, das Gegenbild des homerischen Sängers Demodokos, soll die ‚hohe' Dichtung, die gegenwärtige Geltung hoher Dichtung versinnbildlichen. Die Figur gäbe dann einen – gewißlich von Ironie nicht freien – poetologischen Hinweis, einen Hinweis auf die Situation der Asterix-Autoren: ‚Hohe' Dichtung ist kein Medium mehr, das ein breites Publikum zu erreichen vermag; folglich muß sich das epische Geschehen der Asterix-Abenteuer in einer Gattung abspielen, die nach verbreiteten Maßstäben der Als-ob-Dichtung, der sogenannten Trivialliteratur angehört. Mit einem Wort: Assurancetourix begründet, warum sich die Asterix-Autoren Uderzo und Goscinny für die Gattung der Comics entschieden haben.

Was sind Comics[1]? Comics sind eine erzählende Gattung, die zwei Medien, Bilder und Texte, miteinander verbindet. Zu ihren Vorläufern gehören u. a. Hoffmanns „Struwwelpeter“ und Buschs „Max und Moritz“. Sie kamen gegen Ende des vorigen Jahrhunderts in den Vereinigten Staaten auf. Damals begannen die Zeitungskonzerne von Pulitzer und Hearst, in ihren Blättern humoristisch-satirische Fortsetzungsgeschichten zu bringen, bei denen das Bild dominierte – hiermit waren die comic strips erfunden. Die zweite Art der Comics, die comic books, bürgerten sich erst in den dreißiger Jahren unseres Jahrhunderts ein. Man faßte erfolgreiche strips in Heften zusammen oder stellte Comics von vornherein für ganze Hefte her. Die Asterix-Geschichten erscheinen zunächst als strips, in der Kinderzeitschrift „Pilote“; je 25 strips füllen eines der Asterix-Hefte, von denen nunmehr im französischen Original zwanzig angeboten werden.

Die Comics sind aus der Karikatur der im 19. Jahrhundert blühenden satirischen Zeitschriften hervorgegangen. Die zunächst vorherrschenden Stoffe spiegeln diese Herkunft; die Comics der Zeit vor und nach dem ersten Weltkriege handeln meist von Kindern oder Tieren oder spielen im Familienmilieu; sie bevorzugen die drastische, satirisch verzerrende Komik. Seit den dreißiger Jahren unseres Jahrhunderts hat sich das stoffliche Repertoire der Comics beträchtlich erweitert, und neben komische traten nicht-komische, spannende und heroische Comics. Es gibt nunmehr Abenteuer-, Kriminal- und Science-Fiction-Serien; man greift auf historische Milieus, z. B. auf die mittelalterliche Welt der Artusepik, zurück, und die letzten Jahrzehnte haben zu diesem Ensemble noch den Horror, das Absurde und den schwarzen Humor beigesteuert. Die Asterix-Geschichten gehören zur Spezies der Abenteuer-Comics in historisierender Gewandung. Sie beschränken sich – obwohl die Hauptfigur in ihrer Makellosigkeit eher die Züge eines Superhelden, nicht die eines komischen Helden trägt – strikt auf die komische Sphäre: Blut, Verwundung und Tod sowie anhaltendes seelisches Leid sind aus ihnen verbannt, und weder die Bewohner des gallischen Dorfes noch ihre Gegenspieler, die Römer, geraten je in ernstliche Gefahr.

Die Bilder der Comics sind je nach Genre und dem Stil des Zeichners bald karikaturhaft, bald realistisch, bald zeichnerisch, bald plakativ. Sie zeigen – und dies gilt für alle Comics – die Phasen des Geschehens in wechselnder Dichte, Perspektive und ‚Einstellung‘ (d. h. die Comics kennen, wie der Film, die Totale, die Nah-, die Groß- und die Detailabbildung usw.). Die knappen Texte der Comics sind wie im Epos und im Roman einerseits Bericht des Erzählers, andererseits Dialog der an der Handlung beteiligten Figuren. Die berichtenden Partien erscheinen in rechteckiger Umrahmung am Rande des Bildes; sie pflegen sich auf exponierende Hinweise, auf die

Angabe von Zeit und Ort und dergleichen zu beschränken. Die Dialogpartien sind in den bekannten Sprechblasen untergebracht, deren Spitze auf die jeweils redende Person hindeutet. Wenn keine Spitze, sondern eine Anzahl kleiner Kreise von der Figur zur Blase führt, dann zeigt der Text der Blase an, was die Figur denkt – dieser Kunstgriff läßt sich mit dem a-parte-Sprechen der Bühne vergleichen. Mit diesem Hinweis ist bereits ein drittes, ein zwischen Text und Bild stehendes Instrumentarium berührt, durch das sich die Autoren von Comics mit ihrem Publikum verständigen: eine Anzahl von Symbolen, die dazu dienen, den berichtenden Text nach Möglichkeit zu entlasten. Die Symbole bezeichnen einmal Geräusche – durch lautmalerische Nachahmungen, die sogenannten Pengwörter, durch Noten, die Musik, durch Holzbock und Säge, die Schnarchen bedeuten usw. Die Symbole bezeichnen zum anderen psychische Vorgänge, insbesondere Affekte der beteiligten Figuren; ein Fragezeichen drückt mangelndes Verständnis, ein Herz Liebe, eine Glühbirne die plötzliche Einsicht aus. Die Symbole weisen schließlich auf schnelle, abrupte Vorgänge hin; geschwungene Linien oder Wolken unter den Füßen zeigen rasche Fortbewegung an, die sogenannten Aufprallsterne geben das ruckartige und für lebende Wesen meist schmerzhafte Ende einer raschen Bewegung, den Zusammenstoß, zu erkennen usw.
Die Asterix-Geschichten, brillant gezeichnet und von geistreichen Texten begleitet, übernehmen und variieren das gesamte formale Repertoire der Gattung. Hier einige Beispiele für die in den Asterix-Heften verwendete Symbolik.
Auf Abb. 2 deutet die unterschiedliche Größe der Typen unterschiedliche Lautstärken an; die rote Farbe in der Blase des Legionärs (in der Abb. grau) bezeichnet dessen heftige Erregung.

Abb. 2

Auf Abb. 3 ist ersichtlich, wie sich Obelix, der dicke Produzent von Hinkelsteinen, aus dem antiken Vorläufer des Londoner Towers den Weg in die Freiheit bahnt. Die Sprechblasen der linken Seite geben über die Reaktionen der Wächter Auskunft; die Pengwörter der rechten Seite deuten an, was die starke Faust des Helden zu vollbringen vermag.

Abb. 3

Abb. 4 endlich zeigt, wie sich auch die Symbolik um die Wahrung des antiken Kolorits bemüht: Asterix hat einen Einfall, und auf diese Tatsache wird nicht durch die elektrische Glühbirne, sondern durch ein Öllämpchen hingewiesen.

Abb. 4

1. Die ‚römische Welt' der Asterix-Hefte

Soviel zur Gattung der Comics; soviel zur äußerlichen Klassifikation der Asterix-Hefte. Die folgenden Betrachtungen gelten einerseits der Eigenart dieser Hefte, insbesondere ihrem antiken, ihrem römischen Hintergrund; sie gelten andererseits einem Phänomen der Gegenwart, das sich ebenfalls mit diesem Hintergrund befaßt: mit der gegenwärtigen Praxis des Lateinunterrichts.
Bei den Franzosen rangieren, wie Umfragen bewiesen haben[2], vier Nationalhelden an erster Stelle: Vercingetorix, Jeanne d'Arc, Ludwig XIV. und Napoleon. Die Asterix-Autoren wählten den ältesten, einen von Comics oder Filmen noch nicht verwendeten Stoff. Da sie indes keine tragische, sondern eine komische Serie in die Welt setzen wollten, erfanden sie ihren Asterix als das erfolgreiche Pendant des Vercingetorix. Die allen Heften vorangestellte Karte des antiken Gallien erklärt sich deutlich über dieses Verhältnis von historischem Hintergrund und fingierter Fabel: Der römische Legionsadler ist an der Stelle in den Boden gerammt, an der man das antike Gergovia vermutet; Gergovia aber war der Hauptort der Arverner, des Stammes also, über den Vercingetorix gebot und von dem der letzte große Aufstand der von Cäsar unterworfenen Gallier ausging. Dem Legionsadler hält eine Lupe Widerpart; sie hebt ein Stück Nordküste der Bretagne, die Gegend der Sept Iles, hervor – dort befindet sich das freie gallische Dorf, das, wie die Lupe andeutet, der Aufmerksamkeit der Nachwelt bislang entgangen war (Abb. 5).

Vercingetorix und die Arverner, Gergovia und Alesia (der Ort, an dem Cäsar Vercingetorix bezwang) sind jedem französischen Schulkind bekannt; die Asterix-Autoren machten sich also ein Potential zunutze, das von der Schule erzeugt wird. Und insbesondere vom Lateinunterricht – weshalb denn die Asterix-Hefte manchen Leckerbissen enthalten, der gerade dem des Lateinischen Kundigen Freude bereitet. Schon unsere Karte enthält eine Anspielung: die drei Stammesnamen *Belgae, Celtae, Aquitani* (so besser statt *Aquitania*) deuten auf den ersten Satz von Cäsars Werk über den gallischen Krieg. Der Leser der Asterix-Hefte erfährt auch sehr bald, aus welcher Perspektive der vom Pathos des Bedeutsamen erfüllte historische Hintergrund betrachtet werden soll. Denn zu Beginn des 1. Heftes, in der exponierenden Einleitung, verlautet: „Häuptlinge wie der tapfere Vercingetorix mußten ihre Waffen Cäsar zu Füßen legen." Das ist die offizielle Version, wie man sie z.B. bei dem römischen Historiker

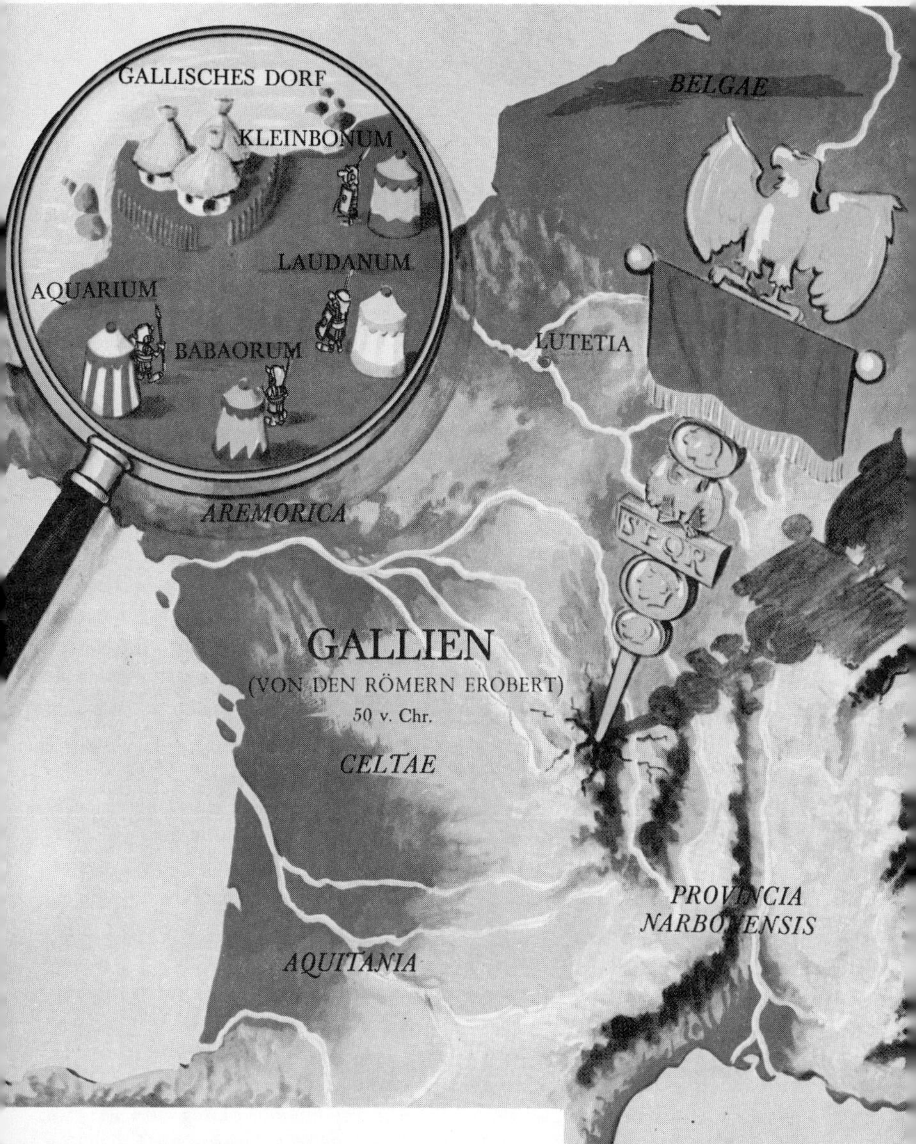

ɪefinden uns im Jahre 50 v. Chr. Ganz Gallien ist von den
ɪrn besetzt... Ganz Gallien? Nein! Ein von unbeugsamen
ɪrn bevölkertes Dorf hört nicht auf, dem Eindringling Wider-
zu leisten. Und das Leben ist nicht leicht für die römischen
ɪnäre, die als Besatzung in den befestigten Lagern Babaorum,
ɪium, Laudanum und Kleinbonum liegen...

Abb. 5

Abb. 6

Florus findet[3]. Die Asterix-Autoren aber ermangeln nicht, ihre eigene Auffassung durch ein von der offiziellen Version abweichendes Bild kundzutun (Abb. 6).

Die Asterix-Hefte sind auf Ironie und Parodie gestimmt. Sie schildern einen historischen Hintergrund und ein fiktives Geschehen, den Hintergrund des römischen Reiches zur Zeit Cäsars und die Fiktion des freien gallischen Dorfes und der Asterix-Abenteuer, wobei sich die Fiktion auf das Märchenmotiv eines übermenschliche Kräfte verleihenden Zaubertranks gründet. Jedes Heft enthält eine in sich geschlossene Handlung, die den Titelhelden und andere Dorfbewohner in irgendeinen Teil des römischen Reiches oder auch über dessen Grenzen hinaus- und von dort wieder in das Dorf zurückführt. Zu wiederholten Malen geht es um die Befreiung einer entführten Person, in anderen Fällen um die Gewinnung oder Wiedergewinnung eines Gegenstandes. Auch Intrigenstücke finden sich, ferner Reisebeschreibungen und Elemente des Kriminalromans. Der Hauptreiz der Hefte beruht indes weniger auf dem Was als auf dem Wie der Handlung, nicht so sehr auf der Makro- wie auf der Mikrostruktur: auf der Fülle der einzelnen Motive und Einfälle, der Pointen und Anspielungen. Und alle diese Späße werden teils unverhüllt, teils mehr oder minder verhüllt präsentiert, und ihr Verständnis setzt bald allerlei Bildungswissen, bald Beobachtungsgabe und einiges Kombinationsvermögen voraus – auf dieser Vielfalt des Angebots scheint nicht zuletzt der Erfolg der Serie zu beruhen, die ja bei Lesern aller Schichten Anklang gefunden hat. Eine wichtige, alle Hefte durchziehende Komponente der Asterix-Abenteuer ist der Gegenwartsbezug oder, anders ausgedrückt, die Spiegelung gegenwärtiger Erscheinungen im verfremdenden Kolorit der römischen Zivilisation. Auch hier findet der Leser eine reiche Palette von Mitteln vor: im Text den frechen Anachronismus oder die gewollt unvorsichtige Analogie, im Bild vor allem die drollige Transposition heutiger Errungenschaften auf die technischen Möglichkeiten der Antike. Und da das Ganze, wie gesagt, auf Ironie und Parodie gestimmt ist, kommt seine Wirkung etwa dem intellektuellen Vergnügen gleich, das ein gescheites kritisches – aber nicht allzu kritisches, auf Weltverbesserung gestimmtes – Kabarett zu bereiten vermag.

Die römische Zivilisation tut sich in den Asterix-Heften auf mancherlei Weise hervor. Es empfiehlt sich, die Fülle der Erscheinungen nach bewährtem Rezept zu gliedern: in Sprachliches und Sachliches.

Nur weniges zu den fingierten Personennamen. Hier haben sich die Autoren allgemein dem Zwang ethnischer Suffixe unterworfen; der Ausgang des Namens verrät also stets die Nationalität der zugehörigen Figur. Den Römern (Römerinnen kommen kaum vor) ist begreiflicherweise die Endung -us vorbehalten. Bei den Namen selbst haben die Autoren ihrer Phantasie die Zügel schießen lassen; sie verwenden teils lateinische Wörter wie Bonus, Minus, Detritus (die deutsche Übersetzung steuert hierzu noch Fälle wie Gaudeamus, Destructivus, Incorruptus bei), teils spaßige Kombinationen oder Scherzbildungen wie Hotelterminus, Belinconnus, Garovirus (die beiden letzten in der deutschen Übersetzung Nixalsverdrus, Agrippus Virus).

Die Asterix-Hefte sind mit allerlei lateinischen Wörtern und Wendungen gewürzt. Man fragt: *quid?, quomodo vales?, quo vadis?;* man beteuert: *sic;* man grüßt: *ave;* man befiehlt: *vade retro,* wodurch man übrigens Kenntnis der Vulgata beweist. Man verwendet Waffenbezeichnungen wie *pilum* und *gladius;* selbst eine technische Spezialität wie die *quincunx* kommt vor; man redet aber auch von der *pax,* feierlicher von der *pax Romana.* Cäsars Lustschloß heißt nicht Monrepos, sondern Mea requies, und das Tor ist natürlich mit der Warnung *cave canem* versehen. *Dignus est intrare,* behauptet ein zurückkehrender Kundschafter von sich selbst und zitiert mit dieser nach klassischen Begriffen saloppen Konstruktion Molières „Eingebildeten Kranken". „Ist eure *vis comica* dahin?", verhöhnt ein Zenturio seine Rekruten – der Mann hat also die Terenz-Biographie Suetons gelesen. Ein letztes Beispiel: Die Tresore einer Bank sind leer, und der Direktor konstatiert angesichts dieses betrüblichen Zustandes, indem er auf das Motto des Pariser Stadtwappens anspielt: „Wir haben *mergitur,* ..., und ich weiß nicht, wann wir wieder *fluctuat* sein werden[4]!"

Die Römer reden sich gern mit feierlichen Vokativen an, und so lautet denn ein kleiner Dialog: „Was ist, o Gaius Bonus?" – „Ich bin über meinen eigenen Bart gestolpert, o Idiot!" Die okkupierten Gallier müssen bei

Professor Berlix *rosa, rosae* deklinieren; kein Wunder also, daß sich ein Pariser Metzger zu folgender Konstruktion versteigt: „Und was gedenkt Ihr in Bezug auf mein schönes, mageres Schnitzel zu tun?" Doch auch an den Bewohnern des freien Dorfes ist die lateinische Syntax nicht spurlos vorübergegangen; denn der Häuptling Abraracourcix-Majestix beteuert bei gegebener Gelegenheit: „Ich habe nicht nur das Gedächtnis nicht verloren, ich werde auch diese Backpfeife nicht vergessen[5]!"
Ein besonders ergiebiges Kapitel sind die Zitate. Nicht als ob nur Lateinisches zitiert würde. Ein Kauffahrer ruft:

Abb. 7

Und sein Befehl wird alsbald ausgeführt

(rechts: Abb. 8)

Der Band „Asterix und Kleopatra" spielt in Ägypten; folglich erklärt der Druide Miraculix angesichts der Pyramiden, indem er einigermaßen auf die Chronologie Bedacht nimmt: „2000 Jahre blicken ... auf uns herab, Obelix!" Doch die lateinischen Zitate beanspruchen den Löwenanteil; so verhält es sich ja auch im roten Mittelstück des Petit Larousse, der jedem Franzosen bekannten einschlägigen Informationsquelle. Die geflügelten Worte sind manchmal in moderner Gewandung verborgen. Bei dem nach Zwiebelsuppe riechenden Geld in „Asterix und der Kupferkessel" hat gewiß *non olet* Pate gestanden (das Motiv parodiert die Entlarvungsmethoden gewisser Kriminalromane). „Die Gallier kamen, sahen und kriegten Caligula Minus", meldet ein verprügelter Legionär; „Mißbrauche meine Geduld nicht!", brüllt ein Zenturio. Unter den lateinisch zitierten lateinischen Zitaten findet sich auch Biblisches und Nachantikes. Der Zenturio Hohlenus höhnt: *Beati pauperes spiritu,* und *Cogito, ergo sum* dient als anspruchsvolles militärisches Losungswort. Bei den vorherrschenden Klassikerzitaten sind die Asterix-Autoren fein heraus; sie können mit bestem Recht geflügelte Worte Cäsars beanspruchen. *Tu quoque, fili!* wird umfunktioniert: Der finster dreinblickende Sohn soll – wie das übrige Zirkuspublikum – dem Diktator applaudieren (im gleichen Zusammenhang erscheint Juvenals *panem et circenses* als offizieller Propagandaslogan). Zu wiederholten Malen führt Cäsar sein *veni, vidi, vici* im Munde; die satirische Perspektive der Asterix-Hefte kann freilich zeigen, daß es mit einem totalen *vici* seine Schwierigkeiten hat. *Alea iacta est* genießt allgemeine Wertschätzung; es wird stets als sinnentleerte Beteuerungsformel verwendet und soll somit eine Bildungsbeflissenheit karikieren, die sich über jede Lebenslage mit einem Klassikerzitat hinwegzuhelfen sucht. Die Asterix-Autoren haben sich auch sonst bei den Klassikern (oder im Mittelteil des Petit Larousse) umgetan. Horazens *carpe diem* erhält im Büro eines Industriekapitäns einen neuen, unserem modernen Lebensstil angemessenen Sinn. *Nunc est bibendum*, befiehlt ein humorvoller Zenturio seinen Leuten, die Asterix und Obelix durch den Genfer See nachschwimmen sollen, und erst dem schiffbrüchigen Seeräuber erschließt sich Vergils Preis des Landlebens – O *fortunatos nimium* – in seiner vollen Bedeutung.

Das gallische Dorf wird einmal durch einen gewaltigen Zaun von der Außenwelt abgeschnitten: *Exegi monumentum aere perennius*, glossiert ein Legionär (oben: Abb. 9) – das Zitat erhält sofort einen bitteren, aktuellen Sinn, da dem Zaun offensichtlich der ‚eiserne' Vorhang als Modell gedient hat (Abb. 10)[6].

Abb. 10

„Grüezi, Ihr seid wohl nicht von hier. Die Brücke, die Cäsar zerstört hat" (*pontem iubet rescindi*, ein beliebtes Grammatik-Paradigma), „ist nämlich wieder repariert" – so ein Helvetier, während er Asterix und Obelix aus dem Genfer See fischt. Mit dieser Anspielung auf Cäsars „Gallischen Krieg" beginne ein sehr kompendianischer Überblick über die römischen Realien, die dem Leser der Asterix-Hefte begegnen. Da sind zunächst die politischen und militärischen Ereignisse jener Zeit. Um noch ein wenig bei deren berühmtester – oder auch, nach Meinung unserer Schüler, berüchtigtster – Quelle, den „Commentarii de bello Gallico", zu verweilen: In „Asterix und der Arverner-Schild" läßt Cäsar vergebens nach den Waffen des Vercingetorix suchen. „Tja, o Cäsar!", meldet der Beauftragte, „wir haben keine Erinnerungen an den gallischen Krieg." Cäsars Antwort: „Kein Kommentar!" Nicht minder geistreich ist folgende Anspielung: „Nachdem Vercingetorix in Gallien geschlagen war, legte er seine Waffen dem ruhmreichen Führer zu Füßen" – so rekapituliert Cäsar seine eigenen Erfolge. „Von wem redet er?", fragt ein Anwesender. Hierauf ein Dritter: „Von sich. Er spricht von sich immer in der dritten Person[7]."
Die Eroberung Galliens einschließlich der Expeditionen nach Britannien, in den späteren Heften auch der cäsarisch-pompejanische Bürgerkrieg sind im Asterix-Epos stets gegenwärtig. Das turbulente Geschehen der fünfziger und vierziger Jahre dient als Hintergrund, als Rahmen, als Orientierungsmarke. Wenn es näher betrachtet wird, so zeigt es sich stets von einer unerwartet heiteren Seite – wie auf dem Bild von einer Schlacht des *bellum Africanum:* Bruderkrieg bedeutet eben, daß alle Soldaten dieselben Waffen tragen, so daß sich Freund und Feind nicht unterscheiden lassen (Abb. 11).

Abb. 11

Abb. 12

Ein Bild des Heftes „Asterix in Spanien" unterlegt der berühmten Überschreitung des Rubikon einen neuen Sinn. Der triumphierende Cäsar wendet sich einem gefesselten rothaarigen Gefangenen zu; der Kommentar eines Zuschauers (das Wortspiel ist unübersetzbar): *Il affranchit le rubicond* – was dem Klange nach sowohl „Er hat den Rubikon überschritten" als auch „Er läßt den Rothaarigen frei" bedeutet (Abb. 12)[8].

Unter den kulturgeschichtlichen Realien spielt das Militär die bei weitem wichtigste Rolle; der römische Staat tritt außerhalb Roms fast nur als

Abb. 13

Militärmacht in Erscheinung. Diese Darstellungsweise entfernt sich – für die Zeit um 50 v. Chr – kaum allzuweit von den historischen Tatsachen; überdies lernt ja der Lateinschüler die Römer (leider!) vor allem als Krieger und Eroberer kennen. Für die Asterix-Autoren gab es freilich noch ein anderes Motiv, allerorten Patrouillen und Posten, Truppen und Heerlager zu etablieren: Die römischen Legionäre sind die vornehmsten Kontrahenten der zahlreichen Prügelszenen, in denen die gallischen Helden die Überlegenheit ihrer Fäuste dartun. Über das ‚Römerbild', das sich nicht zuletzt aus den herzhaften Militärparodien der Asterix-Hefte ergibt, sogleich; hier nur der Hinweis, daß die Asterix-Leier nicht immer auf Ironie und Satire gestimmt ist – wie z. B. diese köstliche Zeichnung eines Lagers beweist (Abb. 13, S. 117).

Überhaupt haben zeichnerische Antriebe die Auswahl dessen beeinflußt, was der Asterix-Leser von der römischen Zivilisation zu sehen bekommt. Die Hefte schwelgen in der Wiedergabe von prunkvollen Palästen, Zirkussen, Bädern und Mietshäusern. Der Band „Asterix und Kleopatra" spart nicht mit Dekor aus der Hinterlassenschaft Altägyptens. In „Asterix bei den olympischen Spielen" werden zumal die Bauten Olympias gebührend gewürdigt. Es erübrigt sich fast zu erwähnen, daß die Kleidung und die Waffen, das Gerät, das Mobiliar und die Fahrzeuge durchweg dem Gesetz der historischen Treue unterliegen. Wenn das römische Schreibwerk (ein Blick in ein Büro gibt hierüber besonders anschaulich Aufschluß; Abb. 14) von diesem Prinzip abweicht, so mag einmal mehr die Erwartung des Publikums mitgespielt haben; römisches Schreibwerk tritt für den heutigen Betrachter fast nur noch durch mehr oder minder fragmentarische Marmortafeln, die meist langweilige Zierde vieler Museumsflächen, in Erscheinung.

Die Comics verwenden – wie die Tierfabel, der Schwank und andere Gattungen – reduzierte Charaktere, Charaktere also, die jeweils Träger weniger scharf profilierter Eigenschaften sind. Diesem Gesetz unterstehen auch die Figuren der Asterix-Hefte, zumal die Römer. Drei typische Manifestationen des römischen Herrschaftsapparates lassen sich mühelos unterscheiden: die Truppenkollektive von der Patrouille bis zur Legion; einzelne Funktionäre wie Zenturionen und Präfekten; die Spitze des Ganzen, also Cäsar (die republikanische Beamtenhierarchie fehlt).

Die Truppenkollektive zeigen eine besonders drastische Stilisierung. Ihre Haupteigenschaften sind Dummheit und Feigheit auf der einen und eine veräußerlichte, eine Stillgestanden-Richt-euch-Disziplin auf der anderen Seite. Sie haben eben ihre Eroberungen einzig der Wucht ihrer Masse und dem rigorosen Exerzierreglement zu danken – auf dem Paradox, daß sie dazu verurteilt sind, an den unbezwinglichen Fäusten des Asterix und der übrigen gallischen Helden immer wieder zu scheitern, beruht der Handlungsmechanismus der gesamten Abenteuerserie. „Für den Angriff", heißt es einmal, „wenden die Legionäre die gefürchtete ‚Schildkrötenpanzer'-Taktik an"[9]; „für den Rückzug", verlautet unmittelbar darauf höhnisch, „wenden die Römer die wirkungsvolle ‚Hasenfuß'-Taktik an." Besonders erheiternde Effekte sind den Autoren zum Thema Disziplin eingefallen – z. B. wo es sich darum handelt, durch militärischen Einsatz aus sämtlichen Weinfässern Londons das eine gesuchte Faß mit dem Zaubertrank herauszuschmecken (Abb. 15, S. 120).

Die Funktionäre zeichnen sich meist durch erhebliche Fettleibigkeit aus. In ihnen sehen die Autoren die aus den kaiserzeitlichen Quellen sattsam bekannte römische Prunkliebe und Genußsucht verkörpert – die römische Oberschicht der Asterix-Hefte ist korrupt, dekadent, unentwegt der Schlemmerei ergeben und stets geneigt, wenn etwas nicht nach Wunsch verläuft,

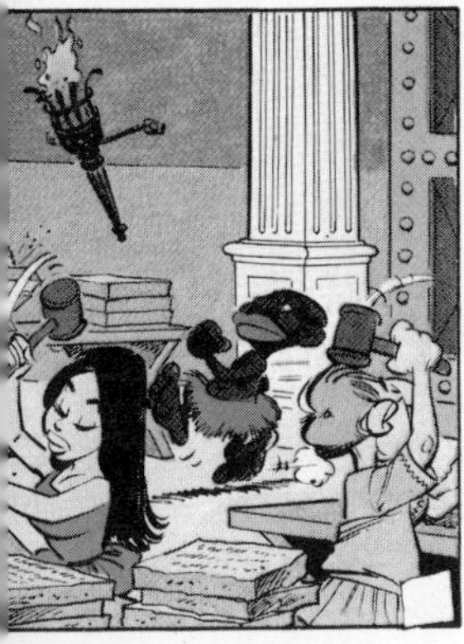

Abb. 14

Abb. 15

zu brüllen und hierbei puterrot anzulaufen. Nur wenige Figuren durchbrechen dieses Schema: im „Streit um Asterix“ die gelungene Rolle des zwistsäenden Intriganten Tullius Destructivus, ein ähnlicher Schurke im „Kampf der Häuptlinge“, der unbestechliche Rechnungsprüfer Claudius Incorruptus in „Asterix bei den Schweizern“, der – eine bislang einmalige Konstellation – als Römer von den gallischen Helden vor der Niedertracht des Statthalters Agrippus Virus beschützt wird.

Cäsar endlich, der Machtmensch mit den scharf geschnittenen Zügen, steht außerhalb des Kausalnexus von Prügeln und Geprügeltwerden. Er hat zwar wiederholt Gelegenheit, sich über die renitenten Gallier zu ärgern, und einmal muß er von Kleopatra zurechtgewiesen werden, da er es ihr gegenüber an ‚Fairness‘ habe fehlen lassen. Im allgemeinen aber billigen ihm die Asterix-Hefte – die Bilder noch deutlicher als der Text (Abb. 16) – eine gewisse Erhabenheit und Größe zu. Er garantiert, daß der Widerstand des gallischen Dorfes dem faktischen Verlauf der Weltgeschichte nicht ernstlich zu nahe tritt, und seine Großmut und Dankbarkeit qualifizieren ihn als würdigen Gegenspieler der gallischen Helden.

Abb. 16

2. Asterix und der Lateinunterricht

Der Überblick über die römische Szenerie der Asterix-Hefte ist beendet. So bleibt die Frage nach deren Verhältnis zur gegenwärtigen Praxis des Lateinunterrichts – sie sei im Zusammenhang mit den Gegenwartsbezügen der Serie überhaupt gestellt. Denn diese schon erwähnte Komponente gehört ja zu den auffälligsten Merkmalen des Werkes: Das römische Milieu dient ständig einem heiteren Vexierspiel von Analogie und Kontrast im Verhältnis zur Gegenwart des Lesers; das Geschehen um die gallischen Helden ist allenthalben von einer allegorischen Bedeutungssphäre überlagert, die auf eben diese Gegenwart zielt.

Schlechtweg lustig sind die Fälle, in denen unversehens der Horizont des heutigen Lesers in die zeitlich so ferne Erzählung hineinragt – in Spanien weisen Don Quixote und Sancho Pansa den Weg („Links an den Windmühlen vorbei!"); ein Legionär wünscht sich, da die Nachhut angegriffen wird, einen Olifant. Die Sprechzimmerdame eines psychiatrisch tätigen Druiden erläutert die Leiden der anwesenden Patienten: „Der da hält sich für ein Wildschwein"; „von dem weiß kein Mensch, wofür er sich hält" – das zugehörige Bild zeigt einen gallisch verfremdeten Napoleon (Abb. 17). „Man muß mit der Zeit gehen und antik sein", bemerkt Obelix, der sich zur Verwunderung von Asterix bereit findet, den neuesten Modetanz zu erlernen; die Antike war eben damals ‚modern'. Und schließlich, angesichts eines durch eine Schlägerei verwüsteten Gasthauses: „Hier sieht's ja aus wie in Pompeji [10]."

Abb. 17

Auch jene Pointen dienen schlechterdings der Erheiterung, in denen das philologisch geschulte Auge die Struktur des Aition erkennt. Die Sphinx von Giseh, so weiß man's jetzt, büßte ihre Nase ein, weil Obelix seine Kletterkünste daran versuchte; dem Druiden Miraculix verdanken die Briten ihr Nationalgetränk, den Tee usw. Dasselbe gilt für den erfinderischen Zeichenstift, der Errungenschaften der modernen Technik in die Antike transponiert. Schon Londinium bewältigt den öffentlichen Verkehr mit zweistöckigen Vehikeln; schon die Zeitgenossen des Asterix reisen mit Wohnwagen in den Urlaub; im Schreibtisch einquartierte, durch ein Sprachrohr mit Aufträgen bedachte Negerlein fungieren als Haustelefon [11].

Die meisten Zeitbezüge haben indes eine satirisch-kritische, zumindest eine ironische Färbung. Bei diesem Thema könnte man lange verweilen. Denn die Asterix-Autoren nehmen geradezu alles aufs Korn, was den heutigen Europäer beglückt oder auch bedrängt: den Tourismus und den Verkehr, den Sport und den Kurbetrieb, die Kunst, den Handel, die Wirtschaft, die Behörden, das Militär. Selbst Umweltprobleme kommen vor; der Bau- und Planungswut ist ein ganzes Heft, „Die Trabantenstadt", gewidmet. Eine wichtige Komponente machen die Zeitgeschichte und deren Spiegelung im traditionellen französischen Selbstverständnis, machen überhaupt die Schilderungen nationaler Eigentümlichkeiten aus: Das freie gallische Dorf ist ja unverkennbar als Nest der Résistance stilisiert, das sich mit Erfolg einer fremden Macht, also der deutschen Besatzung im zweiten Weltkriege, erwehrt, und wenn auch dieses von Anfang an gegenwärtige Schema nicht konsequent durchgehalten wird, so tritt es doch immer wieder aufdringlich genug hervor. Außerdem porträtieren die Asterix-Hefte nach Kräften Wesensart und Gewohnheiten der heutigen europäischen Völker. Der pfiffige Titelheld, von kleiner Statur, ist gewiß als Inkarnation des Franzosen schlechthin konzipiert, und der gewaltige, leicht aufbrausende, rauf- und eßlustige Obelix knüpft deutlich an die Tradition des *esprit gaulois*, etwa an die Riesen des Rabelais, an. Mit den Nachbarn wiederum befassen sich jeweils ganze Hefte; bisher haben die Deutschen und die Engländer, die Spanier und die Schweizer mancherlei Stoff für mehr oder minder schmeichelhafte Späße abgegeben. Man hat daher den Autoren vorgeworfen, sie verbreiteten Klischees, die geeignet seien, gängige Vorurteile zu bestätigen; überdies werde in den Asterix-Heften eine nationale Idylle verherrlicht, die ein reaktionäres oder eskapistisches Denken bekunde [12]. Derartige Rügen, in nicht hinlänglich definierte modische Schlagworte gekleidet, sind überspitzt und überspannt. Phantasie und der Traum vom besseren Leben gehören seit jeher zum Menschen; die Nationalklischees werden nicht bestätigt, sondern persifliert, und wenn zumal die Deutschen in „Asterix und die Goten" gehörig ihr Teil abbekommen: Mit welch schneidender Ironie bedenkt der Schluß des Heftes die traditionelle französische Deutschland-Politik des *divide et impera* (Abb. 18)!

Es wurde behauptet, daß sich die Asterix-Autoren ein Potential zunutze gemacht hätten, das der Schule, nicht zuletzt dem Lateinunterricht, entstamme. Dieser Satz gilt in zweierlei Sinn. Denn die Schule liefert einmal das Tatsachenwissen, das – so differenziert oder undifferenziert es jeweils sein mag – die Vielfalt der Anspielungen und zumal das reizvolle Quidproquo von römischer Vergangenheit und europäischer Gegenwart erschließt. Die Schule – und mit ihr die Wissenschaft sowie jedweder offizielle Kulturbetrieb, z.B. die Museen – liefert außerdem eine bestimmte

Abb. 18

Gesamtvorstellung vom römischen Reich und seiner Zivilisation; die Asterix-Hefte wiederum sind weithin eine Kontrafaktur dieses Römerbildes, und ein gut Teil ihrer Wirkung resultiert aus der Tatsache, daß sie eben dieses Bild zu widerlegen, als Phrase zu entlarven, ad absurdum zu führen suchen. Bisweilen wird ausdrücklich auf das akademische Dogma Bezug genommen; es sei an das Bild erinnert, das den Florustext „Vercingetorix mußte seine Waffen Cäsar zu Füßen legen“ kommentiert. Wissenschaftliche Werke über das Römerreich reden gern von der ‚römischen Welt‘. Als die Gallier in „Asterix bei den olympischen Spielen“ erfahren, daß nur Griechen und Römer an den Wettkämpfen teilnehmen dürfen, besinnen sie sich prompt auf dieses Schlagwort: „Wir sind doch Römer... Wir gehören auch zur römischen Welt!“ Und im „Streit um Asterix“ verkündet der römische Lagerkommandant: „Also, Legionäre! Wir werden jetzt das gallische Dorf angreifen und es aus der römischen Welt schaffen [13]!“ Viel wichtiger ist indes der nicht ausdrücklich gekennzeichnete, der schlicht aus der Darstellungsweise resultierende Widerspruch gegen das Dogma der Wissenschaft und der Schule. Das von den Asterix-Heften vermittelte Römerbild lebt aus dem Protest gegen all das Pathos, von dem die meisten lateinischen Unterrichtswerke, aber auch ein gut Teil der römischen Geschichtsdarstellungen selbst – also die vornehmste Lektüre der fortgeschrittenen Lateinschüler – erfüllt sind.

Diese These bedürfte einer ausführlichen Erläuterung. Hier kann nur kurz auf die lateinischen Lehrbücher, auf die Lesestücke dieser Lehrbücher, hingewiesen werden. Die Lesestücke handeln großenteils von römischen Haupt- und Staatsaktionen und von einem Idealbild römischer Wesensart; sie zelebrieren kerniges Bauerntum und Sittenstrenge, Manneszucht und Gottesfurcht, und zwar in einer Weise, die nun wirklich eskapistisch anmutet, oder richtiger: die an die Hinkelsteine erinnert, wie sie Obelix als ein nicht mehr verständliches Relikt einer vergangenen Epoche sinnlos in der Gegend umherträgt. Da heißt es z. B.: *Res gestae Romanorum non solum e concordia et fide pendent, sed etiam e mira eorum constantia et disciplina* – „Die Taten der Römer beruhen nicht nur auf Eintracht und Treue, sondern auch auf deren wunderbarer Ausdauer und Zucht." Ein zweites Werk vermeldet: *Semper Romanis res sociorum curae erant, semper igitur socii Romanis fidem praestabant* – „Stets lagen den Römern die Angelegenheiten der Bundesgenossen am Herzen, stets wahrten daher die Bundesgenossen den Römern die Treue." Und in einem dritten Werke liest man: *Virtus Romana et deorum fides firma imperii nostri fundamenta semper fuerunt* – „Römische Tugend und göttliche Hilfe waren stets die dauerhaften Grundlagen unseres Reiches." Hier ein viertes Exempel: *Hae virtutes, mi fili, pietas, integritas morum, fortitudo, amor patriae ... virtutes Romanae appellantur* – „Diese Tugenden, mein Sohn, die Frömmigkeit, die Sittenstrenge, die Tapferkeit, die Vaterlandsliebe, heißen Römertugenden." Und zuguterletzt ein fünftes: *Cur dubitatis pro patria, pro liberis, pro aris pugnare?* – „Was zögert ihr, fürs Vaterland, für die Kinder, für die Altäre zu kämpfen[14]?" Nicht als ob derlei Erbaulichkeiten gänzlich falsch oder gänzlich verwerflich wären – es fragt sich nur, warum sich ausgerechnet der lateinische Elementarunterricht in so penetranter Weise zu ihrem Sprachrohr machen muß.

Das Latein lernende und Asterix lesende Kind ist einer starken Spannung ausgesetzt. Auf der einen Seite begegnen ihm verblasene Abstraktionen in hieratischer Starre, auf der anderen farbenfrohe, anschauliche Vorgänge mit sprudelndem Witz. Wie soll sich der Lateinunterricht zu dieser Spannung verhalten? Das Römerbild des Asterix wird er sich gewiß niemals vollauf zu eigen machen können, und so viel Vergnügen wie Asterix kann er auch bei bestem Willen nicht bereiten: Eine geistreiche Serie von comic books und ein Schulfach, das der Erlernung einer schwierigen Sprache dient, sind weithin unvergleichbare Größen. Immerhin: Die Polarität von Lust und Unlust, von Engagement und Langerweile brauchte so einseitig nicht zu sein, wie sie jetzt ist; der Lateinunterricht könnte der Asterix-Sphäre ein Stück weit entgegenkommen, wenn er stärker auf gewisse kindliche Bedürfnisse Bedacht nähme: auf Witz und Satire, auf Anschaulichkeit und Gegenwartsnähe und auf das Reich der Phantasie.

Das ist möglich, denn Latein wird nicht erst seit dem 19. Jahrhundert, das den jetzt bestehenden Zustand geschaffen hat, gelehrt; man braucht nur auf einen Fundus zurückzugreifen, den die Jahrhunderte von der Spätantike bis zum europäischen Humanismus hinterlassen haben. Die Römertugenden scheinen sich gegenwärtig in einem ähnliche Falle zu befinden wie die von Assurancetourix-Troubadix repräsentierte hohe Dichtung (hier eine andere Version des Motivs, von dem diese Betrachtung ausging;

Abb. 19

Abb. 19), und der elementare Lateinunterricht sollte sich einen ähnlichen Verzicht auferlegen wie die Asterix-Autoren: Er sollte, was die Inhalte angeht, mit deren Hilfe er die sprachlichen Strukturen einzuexerzieren sucht, trivialer werden.

Wie dem auch sei, alle diejenigen, die – ob von Berufs wegen oder nicht – das Lateinische als Bildungsinstrument bewahrt wissen wollen, dürfen den Asterix-Autoren schon jetzt Dank wissen, denn – so vermeldet ein Spezialist für Comics über Frankreich[15] – „seit die Kinder diese mit Römerzitaten gespickte bande dessinée lesen, hat sich das Interesse am Lateinunterricht in den Schulen nachweislich belebt". Wir erhoffen dasselbe für uns und nehmen daher nicht Anstand, mit einer kleinen Ovation für die Autoren zu schließen. Zwar treten René Goscinny und Albert Uderzo, wie es sich bei einer erzählenden Gattung seit den Tagen Homers gebührt, hinter ihrem Werke zurück. Sie haben indes von einer Lizenz Gebrauch gemacht,

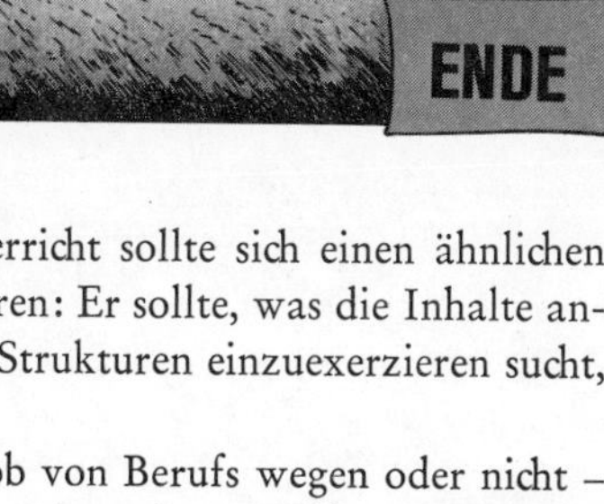

Abb. 20

die ebenfalls auf die klassische Literatur der Griechen zurückgeht: Sie haben ihrem Werke an versteckter Stelle eine Sphragis, ein Siegel, das ihre Existenz beglaubigt, eingefügt. Hier ist das Siegel; es befindet sich in dem Heft „Asterix bei den olympischen Spielen" und gewährt einen durch griechische Lettern und Wörter verschlüsselten Einblick in den typischen Verlauf einer Redaktionssitzung (Abb. 20, S. 125).

Anmerkungen

[1] Zum Folgenden s. z. B. G. Metken, Comics (Fischer-Taschenbuch), Frankfurt/M. 1970. Vom Geist des Superhelden – Comic Strips, hrsg. von H. D. Zimmermann, Berlin 1970 (Deutscher Taschenbuch Verlag, München 1973).

[2] S. Metken, a.a.O., S. 115 ff.

[3] 1, 45, 26: ipse ille rex (sc. Vercingetorix) ... sua arma ante Caesaris genua proiecit.

[4] Vade retro: Die goldene Sichel, S. 18 = Mark. 8, 33. quincunx: Asterix – Tour de France, S. 42; vgl. Caesar, De bello Gallico 7, 73, 5 (von einer verschränkten Anordnung, nach Art der fünf Augen auf dem Würfel). pax, pax Romana: Die Goldene Sichel, S. 19; Asterix bei den Schweizern, S. 35. Mea requies, cave canem: Streit um Asterix, S. 5. Dignus est intrare: Asterix als Legionär, S. 39 = Molière, Le malade imaginaire, Intermède 3. vis comica: Asterix als Legionär, S. 28; vgl. Caesar bei Suetonius, Vita Terentii, a. E. mergitur, fluctuat: Asterix und der Kupferkessel, S. 41; das Motto des Pariser Stadtwappens lautet: Fluctuat nec mergitur.

[5] o Idiot: Asterix der Gallier, S. 40. Professor Berlix: Der Kampf der Häuptlinge, S. 15. Und was gedenkt Ihr: Die goldene Sichel, S. 38. Ich habe nicht nur das Gedächtnis: Der Kampf der Häuptlinge, S. 37.

[6] 2000 Jahre blicken ...: Asterix und Kleopatra, S. 23. Petit Larousse, rotes Mittelstück: Die Asterix-Hefte pflegen nur zu zitieren, was dort aufgeführt und erklärt ist. Nach Zwiebelsuppe riechendes Geld: Asterix und der Kupferkessel, S. 46. Die Gallier kamen: Asterix der Gallier, S. 14. Mißbrauche meine Geduld nicht: Der Kampf der Häuptlinge, S. 23. Beati pauperes spiritu: Asterix in Spanien, S. 15 = Mt. 5, 3. Cogito, ergo sum: Asterix als Legionär, S. 41. Tu quoque, fili: Asterix als Gladiator, S. 38; vgl. Suetonius, Caesar 82. panem et circenses: ibid. = Iuvenalis, Satira 10, 81. Veni, vidi, vici: Asterix und der Arvernerschild, S. 18 u. ö.; vgl. Plutarchus, Caesar 50. Alea iacta est: Asterix der Gallier, S. 14 u. ö. = Suetonius, Caesar 32. Carpe diem: Asterix und der Arvernerschild, S. 30 = Horatius, Carmen 1, 11, 8. Nunc est bibendum: Asterix bei den Schweizern, S. 36 = Horatius, Carmen, 1, 37, 1. O fortunatos nimium: Asterix bei den Briten, S. 5 = Vergilius, Georgica 2, 458 f. Exegi monumentum: Asterix – Tour de France, S. 7 = Horatius, Carmina 3, 30, 1.

[7] Die Brücke: Asterix bei den Schweizern, S. 37; vgl. Caesar, De bello Gallico 1, 7, 2. Wir haben keine Erinnerungen: Asterix und der Arvernerschild, S. 18. Nachdem Vercingetorix: Die Trabantenstadt, S. 5.

[8] Astérix en Hispanie, S. 22; s. W. Rothe, Astérix und das Spiel mit der Sprache, in: Die neueren Sprachen 73/N. F. 23 (1974), S. 247.

[9] Schildkrötenpanzer-Taktik: Asterix und Kleopatra, S. 39; vgl. Caesar, De bello Gallico 2, 6, 2. 5, 9, 7.

[10] Don Quixote: Asterix in Spanien, S. 32. Olifant: Streit um Asterix, S. 35. Napoleon: Der Kampf der Häuptlinge, S. 30. Man muß ... antik sein: Asterix und die Normannen, S. 8. Pompeji: Die goldene Sichel, S. 18.

[11] Sphinx von Giseh: Asterix und Kleopatra, S. 21 f. Tee: Asterix bei den Briten, S. 48. Zweistöckige Vehikel: ibid., S. 24. Wohnwagen: Asterix in Spanien, S. 27. Haustelefon: Asterix und der Arvernerschild, S. 28.

[12] S. A. Stoll, Wurde Asterix von de Gaulle erfunden?, in: Frankfurter Allgemeine Zeitung, 26. 11. 1973, S. 22; ders., Obelix oder die Verhinderung des Fortschritts, ibid., 27. 4. 1974, Beilage Bilder und Zeiten.

[13] S. Asterix bei den olympischen Spielen, S. 13 f.; Streit um Asterix, S. 33.

[14] Res gestae Romanorum: E. Bornemann, Lateinisches Unterrichtswerk, Ausgabe C, Bd. 1, Frankfurt/M. 1970[9], Lesestück 15 B, a. E. Semper Romanis: Porta – Lehrbuch für Latein als 2. Fremdsprache, Bd. 1, Stuttgart 1970[6], Lesestück 31, Satz 7. Virtus Romana: Ars Latina, Bd. 2, Paderborn 1966, Lesestück 28 B, Satz 15. Hae virtutes: A. Linnenkugel, Lateinisches Unterrichtswerk, Ausgabe A, Bd. 2, Paderborn 1965[20], Lesestück 9 B, Satz 16. Cur dubitatis: Ludus Latinus – Lateinisches Unterrichtswerk für Latein als 1. Fremdsprache, Ausgabe B, Bd. 1, Stuttgart 1969[11], Lesestück 16 b, a. E.

[15] Metken, a.a.O., S. 116.

Abbildungen

1: Asterix als Gladiator, S. 48, Str(eifen) 3.
2: Asterix der Gallier, S. 26, Str. 3, Nr. 2.
3: Asterix bei den Briten, S. 30, Str. 3/4, Mitte.
4: Asterix bei den Briten, S. 45, Str. 1, Nr. 2.
5: Asterix der Gallier, S. 3.
6: Asterix der Gallier, S. 5, Str. 1, Nr. 2.
7: Asterix als Gladiator, S. 18, Str. 2, Nr. 2.
8: Asterix als Gladiator, S. 18, Str. 2, Nr. 3.
9: Asterix – Tour de France, S. 7, Str. 4, Nr. 2.
10: Asterix – Tour de France, S. 8, Str. 1, Nr. 2.
11: Asterix als Legionär, S. 44, Str. 3, Nr. 1.
12: Astérix en Hispanie, S. 22, Str. 4, Nr. 2.
13: Asterix als Legionär, S. 36, Str. 1/2.
14: Asterix und der Arvernerschild, S. 29, Str. 2.
15: Asterix bei den Briten, S. 22, Str. 3/4.
16: Asterix als Gladiator, S. 45, Str. 4, Nr. 2.
17: Der Kampf der Häuptlinge, S. 30, Str. 4, Nr. 3.
18: Asterix bei den Goten, S. 44, Str. 4, Nr. 2.
19: Der Kampf der Häuptlinge, S. 48, Str. 3/4.
20: Asterix bei den olympischen Spielen, S. 29, Str. 4, Nr. 3.

Zur Diskussion:

Franz Niehl
Chancengleichheit ohne Chance?

120 Seiten, kart., (92637)

Chancengleichheit – und das heißt: optimale Förderung für alle Kinder, auch für die Lernschwachen – ist nach 15 Jahren Bildungsreform immer noch eine Illusion. Denn unsere Schulen geben denjenigen, die schon viel mitbringen, noch mehr, während der Rückstand der schwächeren Schüler immer größer wird. Programm einer Politik der Chancengleichheit muß es heute sein, in den kommenden 10 Jahren die Zahl derer zu halbieren, die in der Schule scheitern. Dazu macht Niehl fünf Vorschläge.

Karl Rühl
Mit 5 in die Schule?

Ein Erfahrungsbericht. Mit einem Vorwort von Theo Kroj.
232 Seiten, kart., (92677)

Schule einmal anders: ohne festes Pensum und Drill, aber mit um so mehr Freiheit beim Lernen und Spielen. So stellt Karl Rühl die Eingangsstufe der Diesterwegschule in Wiesbaden vor. Das Buch ist jedoch mehr als ein Bericht von einem Schulversuch, es eröffnet neue Perspektiven für die Arbeit in der Grundschule.
Wer Früheinschulung plant oder praktiziert, wer sie fördert oder bekämpft, sollte dieses Buch gelesen haben.

Ina Husmann
Glanz und Elend eines Schuljahrs

Notizen von 160 Deutschstunden
132 Seiten, kart. (92408)

Den Unterrichtsprotokollen aus einem 5. Schuljahr sind Auszüge aus Lehrplänen und Richtlinien gegenübergestellt. In diesem Spannungsfeld zwischen »Ist« und »Soll-Werten« wird so recht deutlich, wie wenig die Schule heute den Forderungen von Bildungspolitikern gerecht werden kann. Sehr viele Lehrer werden hier ihre Sorgen und Schwierigkeiten wiedererkennen und vielleicht Lösungsmöglichkeiten finden, die ihnen das Leben etwas erleichtern.